Deutsch

für die Ausbildungs- und Berufsvorbereitung

von
Ralf Dietrich
Antje Dussa
Annelore Wilde

6., überarbeitete Auflage

Handwerk und Technik • Hamburg

Bildquellenverzeichnis:

Caspary, Kim, XXS, erschienen im Wilhelm Goldmann Verlag, München, einem Unternehmen der Verlagsgruppe Random House GmbH: S. 72

dpa-Picture-Alliance GmbH, Frankfurt a.M.: S. 9

Muno, Claudine, Träume aus denen man zu spät aufwacht. Op der Lay, L-9650 Esch-sur-Sûre / Esch a.d. Saue 2004: S. 73

Shutterstock Images LLC, New York, USA: S. 10 (Hugo Felix); 17 (Roman Samborskyi); 28 (Kiselev Andrey Valerevich); 35 (Halfpoint); 54 (file404); 70 (Ermolaeva Olga 84); 74 (Snow-Whiteimages); 76 (Tutatamafilm); 78 (kan_chana); 84 (Asier Romero); 96 (Heracles Kritikos); 106/ 1 (Edler von Rabenstein), 2 (Robert Kneschke), 3 (decathlon), 4 (Edler von Rabenstein), 5 (Robert Kneschke); 107 (Anastasia Omelyanenko); 112/1–5 (Iurii Stepanov)

stock.adobe.com: S. 7.1

Verlag Handwerk und Technik GmbH, Hamburg: S. 112/6–5; 113

Literaturverzeichnis:

Kim Caspary, XXS. Roman. © Wilhelm Goldmann Verlag, München. 2004. (S. 72)

Hermann Hesse, Der Steppenwolf. Roman. © Suhrkamp Verlag, Frankfurt am Main 1961. (S. 27)

Elli Michler, Dir zugedacht. Wunschgedichte. © Don Bosco Verlag, München 2004. (S. 87)

Claudine Muno, Träume aus denen man zu spät aufwacht. © Op der Lay, L-9650 Esch-sur-Sûre / Esch a.d. Saue 2004. (S. 73)

Petra Rossbach, Marco Polo Reiseführer Mallorca. Reisen mit Insider-Tipps. Mit Reiseatlas. © Mairdumont Marco Polo, Ostfildern 2010. (S. 98)

ISBN 978-3-582-55855-8
Best.-Nr. 20210
Arbeitsheft – 6. Auflage

ISBN 978-3-582-86253-2
Best.-Nr. 20211
Arbeitsheft mit Lösungen – V/6. Auflage

Verlag Handwerk und Technik GmbH,
Lademannbogen 135, 22339 Hamburg; Postfach 63 05 00, 22331 Hamburg – 2021
E-Mail: info@handwerk-technik.de – Internet: www.handwerk-technik.de

Satz und Layout: CMS – Cross Media Solutions GmbH, 97082 Würzburg
Illustrationen: Karsten Schuldt, Hamburg
Umschlagmotiv: iStockphoto, Berlin: Bild 1: Jacob Ammentorp Lund, Bild 6: Steve Debenport; Shutterstock Images LLC, New York, USA: Bild 3: MilanMarkovic78, Bild 4: nakamasa, Bild 7: Dmitry Kalinovsky; stock.adobe.com: Bild 2: michaeljung, Bild 5: Kadmy
Druck: Himmer GmbH Druckerei & Verlag, 86167 Augsburg

Vorwort

Deutsch für die Berufsvorbereitung richtet sich an Lernende in der **Berufsvorbereitung** und in der **Ausbildungsvorbereitung**. Lerninhalte und auf sie bezogene Aufgaben sind abwechslungsreich aufeinander abgestimmt. Erarbeitete Inhalte können so in den folgenden Übungen direkt umgesetzt und bearbeitet werden. Dabei stehen besonders Aspekte aus der Lebenswelt von Lernenden im Vordergrund. Ziel ist es, wesentliche Inhalte des allgemeinbildenden Faches Deutsch in das Blickfeld zu bringen, um eine Übersicht über allgemeine Standards in Schule, Berufswelt und Alltagsinstitutionen zu ermöglichen.

Inhaltsverzeichnis

1 Sich vorstellen und selber einschätzen **2**

Angaben zur Person 2
Sich selber einschätzen 2

2 Gute oder schlechte Manieren – ist Benehmen Glückssache? **6**

Redewendungen 6
Gutes Benehmen früher und heute 8
Modalverben 10
Begrüßen und Verabschieden 13
Die Anrede: Groß- und Kleinschreibung 14

3 Alles genau wiedergeben – die Beschreibung **16**

Eine Personenbeschreibung 16
Eine Personenbeschreibung vervollständigen 20
Das Adjektiv – eine Wortart für die genauere Beschreibung 22
Die Arten des Adjektivs 22
Die Bildung von Adjektiven aus Substantiven und Verben 24
Die Steigerung der Adjektive 24
Die Beugung des Adjektivs (Deklination) 26
Eine literarische Personenbeschreibung 27
Selber eine Person beschreiben 28

4 Anweisungen – lesen, verstehen und danach handeln **30**

Vorgangsbeschreibung: eine Gemüsesuppe kochen 30
Vorgangsbeschreibung: ein Auto starten 35

5 Texte lesen – Inhalte verstehen **37**

Schlagzeilen verstehen 37
Schlagzeilen analysieren und umformulieren 38
Einen Text lesen und verstehen 40
Die 4-Schritt-Lesemethode 41
Texte ordnen und vervollständigen 43
Inhalte von Texten gezielt erfragen 46

6 Berichten – etwas genau mitteilen **50**

Der Bericht 50
Berichte selber schreiben 52

7 Informationen austauschen **56**

Telefongespräch und Telefonnotiz ... 56
Schriftliche Mitteilungen – die E-Mail und der Brief ... 60
Eine E-Mail verfassen ... 62
Eine kurze Mitteilung verfassen ... 64

8 Sich eine Meinung bilden und Stellung beziehen **66**

Eine eigene Meinung haben ... 66
Jemanden überzeugen – gute Argumente haben ... 68
Stellung beziehen ... 70

9 Träumen, Wünschen – Ziele setzen und planen **72**

Träume, Wünsche und Ziele von jugendlichen Helden in Romanen ... 72
Meine Wünsche und Träume ... 74
Ziele setzen und erreichen ... 76
Die Zeit ... 78
Zeitformen ... 80
Die Zeit einteilen und planen ... 84
Planen mit dem Internet – gezieltes Suchen (recherchieren) ... 88

10 Eine (Traum-)Reise planen **90**

Sich für eine Gegend entscheiden ... 90
Einen Urlaubsort auswählen ... 90
Hotelangaben vergleichen ... 92
Die Geheimsprache in Reisekatalogen verstehen ... 94
Der Reiseführer – ein Buch ... 98
Urlaub zu Hause ... 99

11 Eine Bewerbung schreiben **100**

Anzeigen beurteilen ... 100
Die Bewerbungsunterlagen ... 102
Das Bewerbungsschreiben ... 102
Der Lebenslauf ... 106

12 Das Bewerbungsgespräch **109**

Wie verhalte ich mich? ... 109
Mimik und Gestik ... 112
Das Vorstellungsgespräch ... 114

Sachwortverzeichnis ... 116

1 Sich vorstellen und selber einschätzen

Angaben zur Person

1 Füllen Sie die folgenden Angaben aus.

Hier können Sie ein Foto von sich einkleben.

Familienname:

Vorname:

Geburtsdatum:

Geschwister:

Herkunftsland:

Nationalität:

Schulabschluss:

zuletzt besuchte Schule:

Praktikumserfahrungen: ◌ ja ◌ nein welche:

Interessen:

Hobbys:

Lieblingsmusik:

meine Wünsche für die Zukunft:

Sich selber einschätzen

2 Kreuzen Sie auf der Skala an, was auf Sie in welchem Maße zutrifft.
(1 = trifft überhaupt nicht zu/7 = trifft voll zu)

	1	2	3	4	5	6	7
Ausdauer Ich beschäftige mich so lange mit einer Arbeit, bis ich das gewünschte Ergebnis habe.	◌	◌	◌	◌	◌	◌	◌
Anpassungsvermögen Ich komme mit verschiedenen Menschen und Situationen zurecht.	◌	◌	◌	◌	◌	◌	◌

Deutsch für die Ausbildungs- und Berufsvorbereitung ISBN 978-3-582-55855-8

	1	2	3	4	5	6	7
Belastbarkeit Mit Schwierigkeiten und Problemen werde ich gut fertig.	◌	◌	◌	◌	◌	◌	◌
Entscheidungsfähigkeit Ich kann mich gut und schnell für etwas entscheiden.	◌	◌	◌	◌	◌	◌	◌
Hilfsbereitschaft Ich helfe gern.	◌	◌	◌	◌	◌	◌	◌
Kontaktfähigkeit Ich lerne schnell fremde Menschen kennen.	◌	◌	◌	◌	◌	◌	◌
Kommunikationsfähigkeit Ich kann gut zuhören und meine Meinung vertreten.	◌	◌	◌	◌	◌	◌	◌
Selbstdisziplin Ich kann auf mich selbst aufpassen, brauche niemanden, der mir sagt, was ich zu tun habe.	◌	◌	◌	◌	◌	◌	◌
Zielstrebigkeit Wenn ich weiß, was ich will, gebe ich alles, um mein Ziel zu erreichen.	◌	◌	◌	◌	◌	◌	◌

3 Stimmen Sie den folgenden Aussagen zu (richtig) oder nicht (falsch)? Machen Sie ein Kreuz in dem entsprechenden Kästchen. Begründen Sie Ihre Entscheidungen mündlich.

Aussage	richtig	falsch
1. Um die deutsche Sprache gut zu beherrschen, muss man viel üben.	◌	◌
2. Vor der ganzen Klasse zu sprechen, ist peinlich.	◌	◌
3. In der Gruppenarbeit kommt man zu besseren Ergebnissen.	◌	◌
4. Gutes Deutsch lernt man von selbst, wenn man nur viel spricht.	◌	◌
5. Wer viel liest, macht auch weniger Rechtschreibfehler.	◌	◌
6. Es genügt, wenn man sich mündlich verständigen kann.	◌	◌
7. In den meisten Berufen muss man nicht schreiben.	◌	◌
8. Am Computer zu schreiben, macht mehr Spaß.	◌	◌
9. Ich mag das Fach Deutsch nicht, weil ich immer so viele Fehler mache.	◌	◌

4 Notieren Sie in kurzen, aber ganzen Sätzen:
a Wie und wo können Sie am besten lernen?
b Was muss stimmen, damit Sie gut lernen bzw. Hausaufgaben machen können?

5 **a** Entscheiden Sie, welche Teilsätze zu einer Aussage zusammenpassen.
b Schreiben Sie die ganzen Sätze auf die unten stehenden Linien.

1. Wer gut und erfolgreich Deutsch sprechen und schreiben möchte,

2. Wer viel liest und schreibt,

3. Wer mit anderen in einer Gruppe arbeitet,

4. Wer seine Gedanken und Gefühle ausdrücken kann,

5. Wer vor der ganzen Klasse sprechen will,

6. Wer schnell aufgibt, wenn er Fehler macht,

7. Wer gut zuhören will,

8. Wer regelmäßig Hausaufgaben macht,

9. Wer seine Meinung vertreten kann,

10. Wer in Zukunft erfolgreicher lernen möchte,

11. Wer sich und seine Fähigkeiten realistisch einschätzen kann,

… kann auch andere Menschen überzeugen.

… braucht viel Selbstbewusstsein und muss viel dafür tun.

… sollte sich erreichbare Ziele setzen.

… kommt oft zu besseren Ergebnissen.

… macht auch weniger Rechtschreibfehler.

… muss sich in sein Gegenüber hineindenken.

… wird gut verstanden.

… kommt zu besseren Leistungen in vielen Fächern.

… muss sich klar und verständlich ausdrücken können.

… hat bessere Chancen auf einen Ausbildungsplatz.

… wird immer wieder Misserfolge erleben.

1. ______________________________

____

2. ______________________________

____

3. ______________________________

____

4. ______________________________

____

5. ______________________________

____

Deutsch für die Ausbildungs- und Berufsvorbereitung ISBN 978-3-582-55855-8

6.

7.

8.

9.

10.

11.

6 Bewerten Sie Ihr Können, indem Sie mithilfe des Bewertungsschlüssels ankreuzen.

Bewertungsschlüssel (**--**) sehr schwach (**-**) schwach (**O**) geht so (**+**) ganz gut (**++**) ziemlich gut

	--	-	O	+	++
1. Zum jetzigen Zeitpunkt bewerte ich meine Leistungen im Fach Deutsch/Sprache und Kommunikation als:	◌	◌	◌	◌	◌
2. Ich kann Informationen in einem Klassengespräch aufnehmen.	◌	◌	◌	◌	◌
3. Ich kann meine Gedanken und Gefühle ausdrücken.	◌	◌	◌	◌	◌
4. Mein aktiver Wortschatz ist:	◌	◌	◌	◌	◌
5. Ich drücke mich klar und verständlich aus.	◌	◌	◌	◌	◌
6. Ich verstehe die meisten Texte, die wir im Unterricht lesen.	◌	◌	◌	◌	◌
7. Ich mache wenig Rechtschreibfehler.	◌	◌	◌	◌	◌

2 Gute oder schlechte Manieren – ist Benehmen Glückssache?

Redewendungen

Rund um den Begriff „Benehmen“ gibt es in der deutschen Umgangssprache viele Ausdrücke und Redewendungen.

1 Kreuzen Sie an, welche der folgenden Redewendungen Sie kennen.

2 Überlegen Sie, was die aufgeführten Redewendungen bedeuten könnten, und notieren Sie diese Bedeutung stichpunktartig.

Redewendung		Bedeutung
sich daneben benehmen	◌	
die gute Hand geben	◌	
benehmen wie die Axt im Walde	◌	
aus der Jacke gehen/der Haut fahren	◌	
Dass mir keine Klagen kommen!	◌	
Sonntagsmanieren	◌	
wenigstens den Anstand wahren	◌	
Anstand ziert und kostet nichts.	◌	
den Anstand verletzen	◌	
sich wie der erste Mensch be-nehmen/im Walde aufgewachsen sein	◌	
hausen wie die Wilden	◌	
jemandem die Flötentöne beibringen	◌	
jemandem ein paar Takte sagen	◌	
keine/eine gute/eine schlechte Kinderstube haben	◌	

Deutsch für die Ausbildungs- und Berufsvorbereitung ISBN 978-3-582-55855-8

3 Vergleichen Sie Ihre Ergebnisse in der Gruppe.

4 Ergänzen Sie den folgenden Satz:
Im Zusammenhang mit Anstand und Benehmen gibt es viele Redewendungen, weil …

Redewendungen, Redensarten oder Sprichwörter werden auch als **„geflügelte Worte"** bezeichnet. Dabei handelt es sich um Worte, denen sprichwörtlich Flügel gewachsen sind. Ihre Bedeutung ist oft allgemein bekannt oder lässt sich leicht erschließen. Geflügelte Worte werden häufig verwendet, weil sie wegen ihrer bildlichen Sprache so einprägsam und besonders wirkungsvoll sind.

1 Welche Redewendung ist in der Abbildung gemeint?
a Schreiben Sie diese Redewendung auf.
b Formulieren Sie deren Bedeutung.

Redewendung

Bedeutung:

2 a Versuchen Sie nun selbst, eine Ihnen bekannte Redewendung bildlich darzustellen. Nutzen Sie hierfür den Platz auf dem abgebildeten Papierstück.
b Notieren Sie Ihre Redewendung und erläutern Sie, was diese bedeutet.

Redewendung

Bedeutung:

Gutes Benehmen früher und heute

Regeln des guten Benehmens gelten oft über mehrere Generationen. Viele verändern sich aber dennoch im Laufe der Zeit.

1 Lesen Sie den folgenden Text gründlich durch.

2 Finden Sie heraus, welche Regeln des guten Benehmens im Mittelalter bei Tisch galten. Unterstreichen Sie zunächst die entsprechenden Textstellen.

Während in manchem dunklen Raubritternest während der Mahlzeiten gerotzt und gespuckt, das Mundtuch sogleich für die Nase benutzt wurde, man am Tischtuch sein Messer abwischte und sich auf dem Boden würgend erleichterte, wenn eine Speise nicht bekam, legte der Burgherr Wert auf Benehmen. Mit weißem Leinen wurde die Tafel gedeckt, die Mundtücher durften nur zum Abtupfen von Braten, Sud und Wein genutzt werden. In Schalen reichte man duftendes Wasser für die Hände herum, und die Damen spreizten den kleinen Finger, den man gemeinhin zum Reinigen des Afters nutzte, geziert von ihren Trinkbechern ab, um diesen nicht zu beschmutzen und ihren neuen Sinn für Reinlichkeit zu demonstrieren.

(Auszug aus: „Der Kapuziner Mönch aus dem Mittelalter“)

3 Formulieren Sie Verhaltensregeln für Ritter und Damen am Hofe des Burgherren nach folgendem Muster:

A	Die Tischtücher	dürfen nicht zum Abwischen der Messer verwendet werden.
B	Die Mundtücher	
C	Das Wasser	
D	Der kleine Finger	
E	Rotzen, Spucken	

4 Erläutern Sie die Grundaussage des folgenden Zitats:

Das Höfliche, oft als leere Fratze verachtet, offenbart sich als eine Gabe der Weisen.
(aus: Max Frisch: Tagebuch 1946–1949; Abschnitt „1946“)

Deutsch für die Ausbildungs- und Berufsvorbereitung ISBN 978-3-582-55855-8

5 Testen Sie Ihr gutes Benehmen (Mehrfachantworten sind möglich)!

Sie sind eingeladen und möchten die Toilette aufsuchen. Wie erkundigen Sie sich?		
A	Wo kann ich mich kurz frisch machen?	◌
B	Wo ist hier die Toilette?	◌
C	Ich müsste mal für kleine Mädchen.	◌
D	Wo könnte ich mir bitte die Hände waschen?	◌

In Ihrer Nähe niest jemand. Was sagen Sie?		
A	Ein langes Leben!	◌
B	Gesundheit!	◌
C	Bist du/Sind Sie krank?	◌
D	nichts, Sie lächeln freundlich	◌

Sie haben ein Vorstellungsgespräch, wie kleiden Sie Ihre Beine/Füße?		
A	barfuß in offenen Schuhen	◌
B	barfuß in geschlossenen Schuhen	◌
C	Strumpfhose/Socken in geschlossenen Schuhen	◌
D	Strumpfhose/Socken in offenen Schuhen	◌

Es gibt Spaghetti, welches Besteck wählen Sie?		
A	Messer und Gabel	◌
B	Gabel und Löffel	◌
C	Gabel	◌
D	erst klein schneiden, dann mit dem Löffel essen	◌

Sie müssen gähnen, wie verhalten Sie sich richtig?		
A	Gähnen vermeiden	◌
B	Hand vor den Mund halten	◌
C	unauffällig umdrehen	◌
D	der Natur freien Lauf lassen	◌

Wie grüßen Sie im Vorstellungsgespräch den Personalchef?		
A	mit dem Kopf nicken	◌
B	Hallo!	◌
C	Guten Tag, Herr …!	◌
D	die Hand reichen	◌
E	ihn umarmen	◌

Adolph Freiherr von Knigge (1752–1796) veröffentlichte 1788 das lebenserzieherische Buch „Über den Umgang mit Menschen". Gutes Benehmen und Stil jedoch sind wieder „in". Sie sind vielerorts das Tor zu Anerkennung, Respekt und Erfolg.

weiter auf der nächsten Seite →

Wie melden Sie sich am Telefon richtig?		
A	Ja bitte?	
B	Hallo?	
C	Guten Tag!	
D	mit dem (vollen) Namen	

Was gilt bei Tisch als unschicklich?		
A	Essen kalt pusten oder schlürfen	
B	sofort nachsalzen	
C	Ellenbogen aufsetzen	
D	Mit vollem Mund reden	
E	Serviette zweimal benutzen	

Modalverben

Modalverben sind Verben, die einem Verb im Infinitiv hinzugefügt werden: **können, dürfen, müssen, sollen, wollen, mögen.**

Beispiel: Wir **sollen** nicht **rauchen.**

Durch die Verwendung von Modalverben wird einer Handlung eine zusätzliche Information hinzugefügt – nämlich, dass zu etwas

- die Möglichkeit bzw. Erlaubnis,
- der Wunsch oder
- die Notwendigkeit besteht.

Sie sind geeignet, sich in höflicher Form zu verständigen oder vorsichtige Aussagen zu treffen.

1 Sandy hat ihre Freundin ins Restaurant eingeladen. Im Restaurant ergibt sich ein Gespräch zwischen Sandy und dem Kellner. Unterstreichen Sie in dem unten aufgeführten Dialog die in der wörtlichen Rede verwendeten Verben (Modalverb + Verb im Infinitiv).

2 Notieren Sie in der rechten Spalte, was Sandy und der Kellner jeweils durch die Verwendung der Modalverben ausdrücken wollen. Orientieren Sie sich an nachfolgender Übersicht sowie am vorgegebenen Beispiel.

können, dürfen	müssen, sollen	wollen, mögen
Möglichkeit/Erlaubnis	Notwendigkeit	Wunsch

Kellner: „Guten Tag. Womit kann ich Ihnen dienen?“ — Er bittet um die Möglichkeit/Erlaubnis, die Gäste zu bedienen.

Sandy: „Können Sie uns bitte die Speisekarte bringen?“ — ______________________

Deutsch für die Ausbildungs- und Berufsvorbereitung ISBN 978-3-582-55855-8

Kellner: „Aber gern. Bitte. Darf ich Ihnen schon etwas zu trinken bringen?“

Sandy: „Wir möchten bitte zwei Spezi bestellen.“

Kellner: „Soll es mit oder ohne Eis sein?“

Sandy: „Wir wollen es bitte mit Eis trinken.“

Kellner: „Ja, einen Augenblick. – Wollen Sie bereits die Speisen bestellen?“

Sandy: „Nein wir müssen uns noch entscheiden.“

3 Modalverben werden auch verwendet, um Regeln zu formulieren oder auszudrücken, wie dringlich etwas ist. Notieren Sie hinter den folgenden Formulierungen, wie die Aufforderung des Fahrlehrers zu verstehen ist.

Sie dürfen anhalten.

Sie sollen anhalten.

Sie müssen anhalten.

4 Formulieren Sie einen eigenen Wunsch. Benutzen Sie hierfür ein entsprechendes Modalverb.

Ich ...

5 Formulieren Sie Regeln für bestimmte Situationen, in denen Höflichkeit angebracht oder unverzichtbar ist – zum Beispiel im Straßenverkehr, bei Familienfeiern, bei Behörden usw. Verwenden Sie dabei geeignete Modalverben.

Man sollte immer Bitte und Danke sagen.

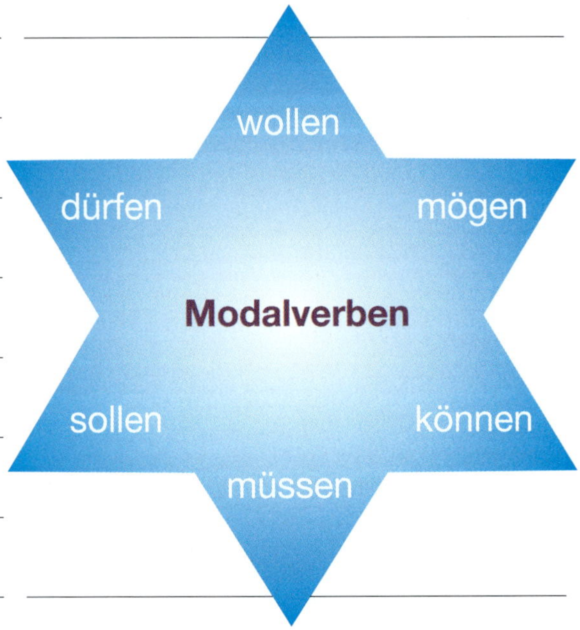

6 a Bilden Sie kleine Gruppen. Formulieren Sie unter Verwendung von Modalverben fünf Grundregeln, die in der Schule (zum Beispiel die Hausordnung) gelten sollten.
b Entwerfen Sie jeweils ein kleines Symbol für diese Regel (Piktogramm).

Regeln:

Beispiel: Alle sollten auf Pünktlichkeit achten.

Deutsch für die Ausbildungs- und Berufsvorbereitung ISBN 978-3-582-55855-8

Begrüßen und Verabschieden

Begrüßen und Verabschieden sind ein fester Bestandteil unseres Alltags. Wir verwenden hierbei verschiedene sprachliche Wendungen, aber auch Mimik (Gesichtsausdruck) und Gestik (Körpersprache). Diese richten sich nach der Situation, der Tageszeit und den Personen, denen wir begegnen.

1 Welche sprachlichen Formen der Begrüßung und Verabschiedung sind Ihnen bekannt?
  a Notieren Sie zunächst mögliche Grußformeln untereinander.
  b Geben Sie dann an, welche Person(en) Sie in welcher Situation so grüßen würden.

Begrüßung

______

______

______

______

______

______

Verabschiedung

______

______

______

______

______

2 Kreuzen Sie in der folgenden Liste an, welche Gesten früher bei Begrüßungen und Verabschiedungen üblich waren bzw. es heute noch sind. Kennen Sie weitere Gesten?

	früher	heute
Diener/Knicks	◌	◌
Handkuss	◌	◌
Hand geben	◌	◌
umarmen	◌	◌

	früher	heute
niederknien	◌	◌
nicken	◌	◌
Hut heben	◌	◌
Hand heben/winken	◌	◌

Weitere Gesten:

______

______

Die Anrede: Groß- und Kleinschreibung

Pronomen (Fürwörter) – ich, du, er, sie, es, wir, ihr, sie – können Nomen (Substantive) ersetzen und werden im Allgemeinen klein geschrieben.

Beispiel: Ich weiß, Luca ist ein Hochstapler. – Ich weiß, **er** ist ein Hochstapler.

Jedoch gibt es Ausnahmen, wenn

- das Pronomen am Satzanfang steht. — **Beispiel: Er** ist ein Hochstapler.
- davor ein Artikel steht. — **Beispiel:** Ich möchte ihm **das Du** anbieten.
- das Pronomen in der höflichen Anrede verwendet wird. — **Beispiel:** Darf ich **Ihnen** helfen, Frau Meier?

Anredepronomen
Die Anredepronomen **du, dich, dir, euch, eure,** die Vertrautheit, Ungezwungenheit und persönliche Nähe kennzeichnen, darf man auch **kleinschreiben.**
Die Anredepronomen in der Höflichkeitsform, **Sie, Ihre, Ihnen** müssen **großgeschrieben** werden. Sie drücken Distanz und Respekt aus. Allgemein gilt diese Anredeform als höflich im Umgang mit Erwachsenen und Höhergestellten.

1 Setzen Sie in folgende Texte Pronomen in der richtigen Schreibweise ein. Verwenden Sie dazu den unten stehenden Wörterkasten.

Sehr geehrte Damen und Herren,

hiermit möchte ___________ mitteilen, dass _____ das von _____ bestellte Abonnement der Zeitschrift ... zum Jahresende fristgemäß kündige.

Außerdem entziehe ___________ zum oben genannten Termin die Einzugsermächtigung für _______ Konto.

Bitte schicken _______ die Zeitschrift ab Oktober an _________ neue Postanschrift.

Mit freundlichen Grüßen

Jasmin Budni

Hallo Boris,

leider kann __________ heute nicht mit __________ und den anderen aus dem Verein ins Kino gehen. Ich bin total erkältet und möchte ____________ beziehungsweise ____________ nicht anstecken. Kannst __________ Aysun und Sabrina sagen, dass ____________ dringend anrufen sollen?

Bestell ___________ von __________ Grüße.

__________ allen viel Spaß.

__________ Jasmin

euch, deine, ich, dich, mich, sie, dir, euch, ihnen, du, mir, sie, meine, ich, ihnen, ich, mir, mein, ihnen, ich

Deutsch für die Ausbildungs- und Berufsvorbereitung ISBN 978-3-582-55855-8

Es gibt auch Pronomen, die anzeigen, wem etwas gehört. Diese besitzanzeigenden Pronomen werden Possessivpronomen genannt. Auch hier gibt es eine Höflichkeitsform, die immer großgeschrieben wird:

Einzahl		Mehrzahl	
Normalform	Höflichkeitsform	Normalform	Höflichkeitsform
mein		unser	
dein	Ihr	euer	Ihr
sein/ihr		ihr	

1 Unterstreichen Sie in dem folgenden Brief alle Pronomen.

Hallo Nebahad,

du glaubst nicht, was mir neulich passiert ist. Ich wollte am Samstag um 22:00 Uhr in unseren Club, weil ich mit Alejandro und Tim verabredet war. Am Eingang versperrte ein neuer Türsteher mir den Weg. „Darf ich Ihren Ausweis sehen?", fragte er mich. Total blöd, ich habe ihn doch nie dabei, weil mich jeder kennt. „Dann darf ich Sie nicht reinlassen", sagte er und ließ schon die nächsten Besucher rein. Kennst du den Typ, hast du ihn schon mal gesehen? Schreib mir mal, wie du das findest.

Liebe Grüße

Deine Jasmin

2 Wer ist hier gemeint? Notieren Sie in Stichworten, wen die unterstrichenen Pronomen meinen könnten.

„Ist das Ihre Jacke?"

____

„Ist das ihre Jacke?"

____

„Haben Sie morgen Zeit?"

____

„Haben sie morgen Zeit?"

____

3 Alles genau wiedergeben – die Beschreibung

Eine Personenbeschreibung

Nadine hat auf einem Dating-Portal ein Profil entdeckt, das ihr zusagt. Nachdem sie selbst eine Nachricht geschrieben hat, erhält sie kurze Zeit später eine Antwort auf ihrem Smartphone:

Hallo Nadine,
ich hab mich sehr darüber gefreut, dass du du dich für mein Profil interessierst. Ich glaube, wir passen ganz gut zusammen. Wir sind gleich alt und ich habe ähnliche Interessen wie du. Jetzt müssen wir uns nur noch treffen.
Komm doch bitte nächsten Sonnabend um 21.00 Uhr in die Bar „Blauer Engel“ in unserer Kreisstadt. Kennt jeder dort.
Da ich leider kein Foto von mir habe, das ich dir schicken könnte (du hast mir ja auch keins geschickt), beschreibe ich mich kurz, damit du mich erkennst:
Meine Kumpels sagen, ich sehe ganz gut aus. Meine Haare sind kurz geschnitten und stylisch. Meistens habe ich einen Dreitragebart oder länger. Meine Nase ist normal. Da ich viel Sport treibe, bin ich kräftig. Ich ziehe gern coole Klamotten an. Am Sonnabend erkennst du mich auch an diesen Sachen.
Viele Grüße
Ben

Als sie zum verabredeten Zeitpunkt in die Bar kommt, schaut sie sich um, zögert kurz und geht wieder.

1 Warum geht Nadine wieder nach Hause? Notieren Sie Ihre Vermutung in einem Satz.

Deutsch für die Ausbildungs- und Berufsvorbereitung ISBN 978-3-582-55855-8

2 Was hätte Ben besser machen müssen? Notieren Sie in Stichpunkten, worauf er bei seiner Personenbeschreibung hätte achten sollen.

Eine Personenbeschreibung ist die Beschreibung des Äußeren eines Menschen. Sie beinhaltet unter anderem: die Körpergröße, die Kleidung, das Alter, die Figur, die Haltung, das typische Verhalten, die Haare, die Hautfarbe, das Gesicht, Besonderheiten, Auffälligkeiten und den Gesamteindruck.
Um eine Personen zu beschreiben, müssen Sie:

- die typischen äußeren Merkmale erkennen und
- diese Merkmale mit Wörtern benennen.

Wer ist Ben? Auf wenn trifft die Beschreibung zu?

In der folgenden Liste finden Sie einige Wörter, die Ihnen bei einer Personenbeschreibung helfen könnten.

1 Suchen Sie sich eine Mitschülerin oder einen Mitschüler aus, die oder den Sie beschreiben möchten. Verraten Sie den anderen nicht, wen Sie ausgewählt haben.

2 a Tragen Sie das geschätzte Alter, die geschätzte Größe und das geschätzte Gewicht ein.
b Kreuzen Sie die Wörter in den einzelnen Zeilen an, die auf die Person zutreffen – Mehrfachnennungen sind möglich! Sollten Ihnen bessere Wörter einfallen, so können Sie diese auf den Leerzeilen ergänzen.

geschätztes Alter	____________ **Jahre alt**
geschätzte Größe:	____________ **cm groß**
geschätztes Gewicht:	____________ **kg schwer**
Geschlecht:	◯ männlich ◯ weiblich ◯ divers
Figur:	◯ stark ◯ stämmig ◯ schlank ◯ breit ◯ schwächlich ◯ zierlich ◯ ____________
Haltung:	◯ steif ◯ gebeugt ◯ schief ◯ ____________
Kopf:	◯ oval ◯ rund ◯ breit ◯ klein ◯ groß ◯ spitz ◯ ____________
Gesicht:	◯ länglich ◯ rundlich ◯ kantig ◯ hohlwangig ◯ schmal ◯ hübsch ◯ ____________
Gesichtshaut:	◯ faltig ◯ frisch ◯ blass ◯ kränklich ◯ pickelig ◯ braun gebrannt ◯ ____________
Haare:	◯ hellbraun ◯ dunkelbraun ◯ schwarz ◯ rötlich ◯ blond ◯ grau ◯ weiß ◯ gefärbt ◯ voll ◯ schütter ◯ dünn ◯ dicht ◯ glatt ◯ wellig ◯ kraus ◯ kurz ◯ lang ◯ gescheitelt ◯ zurückgekämmt ◯ strubbelig ◯ gegelt ◯ gepflegt ◯ ungepflegt ◯ ____________
Bart:	◯ Schnurrbart ◯ Vollbart ◯ Koteletten (Backenbart) ◯ Dreitagebart ◯ ____________
Stirn:	◯ flach ◯ hoch ◯ niedrig ◯ zurückweichend ◯ vorspringend ◯ senkrecht ◯ ____________
Augen:	◯ hell ◯ dunkel ◯ blau ◯ grau ◯ grün ◯ hellbraun ◯ dunkelbraun ◯ schwarzbraun ◯ tiefliegend ◯ hervorstehend ◯ schielend ◯ stechender Blick ◯ trüber Blick ◯ Brille ◯ ____________

Deutsch für die Ausbildungs- und Berufsvorbereitung ISBN 978-3-582-55855-8

Augenbrauen:	◌ buschig ◌ schmal ◌ hellbraun ◌ dunkelbraun ◌ schwarz ◌ rötlich ◌ blond ◌ grau ◌ weiß ◌ gerade ◌ geschwungen ◌ ______
Nase:	◌ groß ◌ klein ◌ schmal ◌ breit ◌ gebogen ◌ gerade ◌ schief nach rechts/links ◌ spitz ◌ Stupsnase ◌ Boxernase ◌ Knollennase ◌ ______
Ohren:	◌ groß ◌ klein ◌ schmal ◌ rund ◌ oval ◌ abstehend ◌ anliegend ◌ ______
Ohrläppchen:	◌ freihängend ◌ angewachsen ◌ Ohrringe ◌ durchlöchert ◌ ______
Mund:	◌ breit ◌ klein ◌ schief ◌ breite/schmale Lippen ◌ fleischige Lippen ◌ vorstehende Ober-/Unterlippe ◌ ______
Zähne:	◌ vollständig ◌ lückenhaft ◌ auffallend groß ◌ schräggestellt ◌ klein ◌ vorstehende Schneidezähne ◌ sichtbare Kronen ◌ weiß ◌ gelb ◌ dunkel ◌ ______
Kinn:	◌ zurückweichend ◌ vorspringend ◌ spitz ◌ stark ◌ breit ◌ Doppelkinn ◌ gespaltenes Kinn ◌ ______
Stimme:	◌ tief ◌ leise ◌ laut ◌ hoch ◌ ______
Bewegungen/ Gang:	◌ schleppend ◌ federnd ◌ langsam ◌ lässig ◌ ______
Kleidung:	______ ______ ______
besondere Merkmale:	______ ______ ______

3 Fertigen Sie mit Hilfe der Tabelle auf einem Extrablatt Linienpapier eine schriftliche Personenbeschreibung an. Formulieren Sie ganze Sätze.

Eine Personenbeschreibung vervollständigen

1 Unterstreichen Sie im Wörterkasten A alle Wörter, die das Aussehen beschreiben, in Blau. Alle Wörter, die das Verhalten beschreiben, unterstreichen Sie in Rot.

Wörterkasten A:
abwesend, albern, angeberisch, ängstlich, ätzend, ausgetreten, bescheiden, blau, breit, braun, clever, cool, dick, dreckig, dunkelgrün, dünn, einfallsreich, eingebildet, eitel, fair, falsch, flink, frech, fröhlich, gerissen, geschmeidig, geschwätzig, glatt, grau, grob, groß, gut, hellblond, humorlos, interessant, klein, kraus, kritisch, kurz, lahm, lang, langweilig, lieb, lockig, mager, mies, mittelbraun, mürrisch, nörglig, nervend, oval, pickelig, prima, richtig, rundlich, schief, schlecht, schmal, schnell, selbstbewusst, stark, stolz, struppig, süß, toll, traurig, unruhig, unsicher, verwaschen, weiß, widerlich, wild

Wörterkasten B:
äußerst, gelegentlich, häufig, kaum, manchmal, meistens, nie, oftmals, sehr, stets, total, wenig, ziemlich

2 Legen Sie fest, ob Sie Alex sympathisch darstellen möchten oder nicht.
◯ sympathisch ◯ unsympathisch

3 a Wählen Sie die passenden Wörter aus dem Wörterkasten A aus und schreiben Sie diese in den Lückentext. Beachten Sie, dass viele Wörter erst passend gemacht werden müssen. Sollten Sie kein passendes Wort finden, so können Sie sich ein eigenes einfallen lassen.

b Probieren Sie auch aus, an welchen Stellen Wörter aus dem Wörterkasten B zusätzlich passen. Setzen Sie mindestens drei Wörter aus dem Wörterkasten B in die Beschreibung ein.

Ich möchte Alex beschreiben. Er heißt eigentlich Alexander, aber kaum jemand nennt ihn so. Manchmal ruft ihn aber seine Mutter bei seinem vollständigen Namen, wenn sie streng sein will.

Er ist ______________________ Jahre alt und ungefähr ______________________ groß.

Sein ______________________ Lächeln ist typisch für ihn, weil er einen

______________________ Mund und ______________________ Zähne hat.

In seinem ______________________ Gesicht leuchten zwei ______________________

Augen. Alex hat eine ______________________ Nase.

Seine ______________________ Mütze setzt Alex nie ab, auch im Sommer nicht. Deswegen

kann man seine ______________________ Haare nur selten sehen.

Alex ______________________ Kopfform wird durch die Mütze sehr betont.

Deutsch für die Ausbildungs- und Berufsvorbereitung ISBN 978-3-582-55855-8

Meistens trägt er ein ______________________ T-Shirt und seine Jacke.

Beides passt ______________________ zu seiner Figur.

Alex ist ein ______________________ Mitschüler, weil er

______________________ Geschichten erzählt.

Im Unterricht ist er manchmal ______________________.

Wenn man Hilfe bei den Hausaufgaben braucht, ist man bei ihm an der

______________________ Adresse.

Fast alle aus der Klasse meinen, dass Alex ein ______________________ Typ ist.

4 Welche Eigenschaften von Alex könnten Ihrer Meinung nach außerdem beschrieben werden? Zählen Sie diese auf.

____

____

____

____

____

____

____

____

____

____

____

Das Adjektiv – eine Wortart für die genauere Beschreibung

Alle Wörter des Wörterkastens A auf Seite 21 beschreiben Eigenschaften. Diese Wörter nennt man Adjektive. Sie können sagen, wie etwas ist.

Beispiel: Ihre Haare sind (**wie?**) blond. Ihre Lippen sind (**wie?**) schmal.

Adjektive können aber auch sagen, was für Dinge jemand hat:

Beispiel: Sie hat (**was** für Haare?) blonde Haare. Sie hat (**was** für Lippen?) schmale Lippen.

Das Adjektiv wird daher auch als Eigenschaftswort bezeichnet.
Es bestimmt die Art, die Eigenschaft oder den Zustand einer Person oder Sache.

1 Ergänzen Sie in der Tabelle die fehlenden Wörter in der richtigen Form.

Wie ist		Was für ein/eine	
der Mund?	breit	Mund? ein	________ Mund
der Kopf?	________	Kopf? ein	runder Kopf
das Lächeln?	fröhlich	Lächeln? ein	________ Lächeln
die Stimme?	leise	Stimme? eine	________ Stimme
die Stirn?	________	Stirn? eine	niedrige Stirn
das Kinn?	spitz	Kinn? ein	________ Kinn
das Gesicht?	________	Gesicht? ein	kantiges Gesicht

Die Arten des Adjektivs

1 Tragen Sie in die Freiräume der Tabelle eigene Beispiele ein oder suchen Sie welche aus dem Wortkasten auf Seite 21 aus.
Vom Aufbau der Wörter her werden folgende Arten des Adjektivs unterschieden:

einfache	zusammengesetzte	mit Vorsilbe	mit Nachsilbe
hell warm	stockdunkel eiskalt	**un**heimlich **ver**zweifelt	müh**sam** glück**lich**

Deutsch für die Ausbildungs- und Berufsvorbereitung ISBN 978-3-582-55855-8

Das Adjektiv kann in einem Satz in zwei Verwendungen vorkommen:
als Beifügung zu einem Substantiv (Nomen)

Beispiel: Sie hatte einen **klaren** Verstand.

in Verbindung mit *sein*, *werden*, *bleiben* und ähnlichen Verben.

Beispiel: Er war **klug**. Er blieb immer **freundlich**.

1 Bilden Sie jeweils zwei vollständige Beispielsätze, in denen das Adjektiv als Beifügung zu einem Substantiv und in Verbindung mit *sein* und *bleiben* verwendet wird.

als Beifügung zu einem Substantiv:

1 ______________________________

2 ______________________________

in Verbindung mit sein und bleiben

1 ______________________________

2 ______________________________

2 Unterstreichen Sie in dem folgenden Text alle Adjektive, die als Beifügung zu einem Substantiv verwendet werden, einfach und alle Adjektive, die mit sein, bleiben usw. verwendet werden, doppelt.

500 000 Euro Gewinn bei „Wer wird Millionär?“

Martin F. (52) hätte ein Millionengewinner in der beliebten Rate-Show *„Wer wird Millionär?“* werden können.

Doch bei der Millionenfrage gab der sympathische Mann auf. Er hatte bereits alle Joker verzockt. Auf die letzte Frage: „Wer hinterließ als bislang letzter Mensch seinen Fußabdruck auf dem Mond?“, wusste er keine Antwort.

Mit den vorgegebenen Antworten auf die „1-Million-Euro-Frage“ konnte er wenig anfangen. Das Risiko, auf 500 Euro zurückzufallen, war einfach zu groß. Martin F.: „Es war großartig, hier zu sein, ich nehme die 500000 Euro und steige aus!“

Immerhin hat der erfolgreiche Kandidat damit den zweithöchsten Gewinn einkassiert.

Martin F. wusste schon vorher, dass er bei der Millionenfrage nicht zocken würde: „Ich werde die Frage nur annehmen, wenn ich die richtige Lösung bereits vor der Einblendung der Antworten weiß. Sonst steige ich lieber aus.“

Seine Stärken haben ihm zu seinem großen Gewinn verholfen: Literatur, klassische Musik, Geschichte, Sprachen, Geografie und Naturwissenschaften. Martin F.: „Ich lese viel, bin kulturell interessiert und habe eine gute Allgemeinbildung.“

Die Bildung von Adjektiven aus Substantiven und Verben

> Ein Adjektiv kann auch aus einem Wort einer anderen Wortart gebildet werden. Verbindet man ein Substantiv (Nomen) oder ein Verb mit den Endungen -ig, -lich, -bar, -sam, -ern, -isch, -haft, oder -los, so kann ein Adjektiv entstehen.

1 Bilden Sie aus den Wörtern in der folgenden Tabelle Adjektive und schreiben Sie diese auf die leeren Zeilen. Erklären Sie mündlich die neuen Wörter. Bei einigen Wörtern können zwei Adjektive gebildet werden.

Herr	herrlich, herrisch	**trinken**	
biegen	biegsam	**zanken**	
Glück		**Herz**	
Holz		**Stress**	
Ehre		**Liebe**	
Glas		**Masse**	
Ernst		**Fett**	
Tier		**Kante**	
Lust		**Runde**	
Hast		**Ort**	
Ärger		**Farbe**	

Die Steigerung der Adjektive

> Adjektive können gesteigert werden. Die Steigerung ist eigentlich ein Vergleich zwischen zwei oder mehreren Dingen oder Personen. Sie umfasst drei Stufen:

die Grundstufe (der Positiv)	**die Steigerungsstufe** (der Komparativ)	**die Höchststufe** (der Superlativ)
■ breit	■ breiter	■ am breitesten
■ stark	■ stärker	■ am stärksten

Deutsch für die Ausbildungs- und Berufsvorbereitung ISBN 978-3-582-55855-8

2 Steigern Sie die folgenden Adjektive. Schreiben Sie Ihre Ergebnisse in die Kästchen.

die Grundstufe (der Positiv)	**die Steigerungsstufe** (der Komparativ)	**die Höchststufe** (der Superlativ)
■ leise		
■ hart		
■ ehrlich		
■ laut		
■ still		
■ langsam		
■ dunkel		

Eine Reihe von Adjektiven wird unregelmäßig gesteigert.
- ■ gut – besser – am besten
- ■ nah – näher – am nächsten
- ■ viel – mehr – am meisten
- ■ hoch – höher – am höchsten

3 Bilden Sie mit jedem der unregelmäßigen Adjektive einen Satz. Verwenden Sie dabei jeweils die Höchststufe (Superlativ).

gut

nah

viel

hoch

4 Wählen Sie ein Adjektiv aus Aufgabe 1 oder 2 aus und bilden Sie für jede seiner Steigerungsstufen einen Satz.

Beispiel: Im Haus ist es dunkel. Im Keller ist es dunkler. Im Kühlschrank ist es am dunkelsten.

Die Beugung des Adjektivs (Deklination)

Auch das Eigenschaftswort kann in die vier Fälle gesetzt werden (dekliniert werden). Es richtet sich hierbei in Geschlecht, Zahl und Fall nach dem dazugehörigen Substantiv (auch Hauptwort oder Nomen genannt).

1 Vervollständigen Sie die folgenden zwei Tabellen.

Einzahl (Singular)	männlich	weiblich	sächlich
1. Fall, Nominativ: Wer/Was?	der graue Bart		
2. Fall, Genitiv: Wessen?	des grauen Bartes		
3. Fall, Dativ: Wem?		der schmalen Nase	dem großen Ohr
4. Fall, Akkusativ: Wen/Was?		die schmale Nase	

Mehrzahl (Plural)	männlich	weiblich	sächlich
1. Fall, Nominativ: Wer/Was?	die grauen Bärte		
2. Fall, Genitiv: Wessen?	der grauen Bärte		
3. Fall, Dativ: Wem?		den schmalen Nasen	
4. Fall, Akkusativ: Wen/Was?			die großen Ohren

2 Bilden Sie zu jedem Fall jeweils einen Satz. Dabei ist es Ihnen überlassen, welche Wörter Sie aus der Tabelle auswählen und ob Sie Einzahl oder Mehrzahl verwenden.

Beispiele: Den großen Ohren geht es an den Kragen. (Dativ)
Rudi hat große Ohren. (Akkusativ)
Der Club der großen Ohren feiert sein 25-jähriges Jubiläum. (Genitiv)
Die großen Ohren stehen ab. (Nominativ)

Deutsch für die Ausbildungs- und Berufsvorbereitung ISBN 978-3-582-55855-8

Eine literarische Personenbeschreibung

1 Lesen Sie den folgenden Text aufmerksam durch.

2 Unterstreichen Sie alle Eigenschaften des Mannes, der der Steppenwolf genannt wird.

„Zufällig war ich in dem Augenblick zugegen, wo der Steppenwolf zum ersten Mal unser Haus betrat und bei meiner Tante sich einmietete. Er kam in der Mittagszeit, die Teller standen noch auf dem Tisch, und ich hatte noch eine halbe Stunde Freizeit, ehe ich in mein Büro gehen musste. Ich habe den sonderbaren und sehr zwiespältigen Eindruck nicht vergessen, den er mir beim ersten Begegnen machte. Er kam durch die Glastür, wo er vorher die Glocke gezogen hatte, herein, und die Tante fragte ihn im halbdunkeln Flur, was er wünsche. Er aber, der Steppenwolf, hatte seinen scharfen kurzhaarigen Kopf witternd in die Höhe gereckt, schnupperte mit der nervösen Nase um sich her und sagte, noch ehe er Antwort gab oder seinen Namen nannte: „Oh, hier riecht es gut." Er lächelte dazu, und meine gute Tante lächelte auch, ich aber fand diese Begrüßungsworte eher komisch und hatte etwas gegen ihn.

„Nun ja", sagte er, „ich komme wegen des Zimmers, das Sie zu vermieten haben."

Erst als wir alle drei die Treppe zum Dachboden hinaufstiegen, konnte ich den Mann genauer ansehen. Er war nicht sehr groß, hatte aber den Gang und die Kopfhaltung von großgewachsenen Menschen, er trug einen modernen bequemen Wintermantel und war im übrigen anständig, aber unsorgfältig gekleidet, glatt rasiert und mit ganz kurzem Kopfhaar, das hier und dort ein wenig grau flimmerte. Sein Gang gefiel mir anfangs gar nicht, er hatte etwas Mühsames und Unentschlossenes, das nicht zu dem scharfen, heftigen Profil und auch nicht zum Ton und Temperament seiner Rede passte. Erst später merkte und erfuhr ich, dass er krank war und dass das Gehen ihm Mühe machte. Mit einem eigentümlichen Lächeln, das mir damals ebenfalls unangenehm war, betrachtete er die Treppe, die Wände und Fenster und die alten hohen Schränke im Treppenhaus, dies alles schien ihm zu gefallen und schien ihm doch zugleich irgendwie lächerlich. [...]

So etwa war mein Eindruck, und er wäre kein guter gewesen, wenn er nicht durch allerlei kleine Züge durchkreuzt und korrigiert worden wäre. Vor allem war es das Gesicht des Mannes, das mir von Anfang an gefiel; trotz jenem Ausdruck von Fremdheit gefiel es mir, es war ein vielleicht etwas eigenartiges und auch trauriges Gesicht, aber ein waches, sehr gedankenvolles, durchgearbeitetes und vergeistigtes. Und dann kam, um mich versöhnlicher zu stimmen, dazu, dass seine Art von Höflichkeit und Freundlichkeit, obwohl sie ihm etwas Mühe zu machen schien, doch ganz ohne Hochmut war – im Gegenteil, es war darin etwas beinah Rührendes, etwas Flehendes, wofür ich erst später die Erklärung fand, das mich aber sofort ein wenig für ihn einnahm."

(aus: Hermann Hesse: Der Steppenwolf)

3 Welche Adjektive werden benutzt, um den Mann zu beschreiben? Rahmen Sie diese ein.

4 Benennen Sie die Eigenschaften, die an einen echten Steppenwolf erinnern.

Selber eine Person beschreiben

Es gibt Situationen, in denen es wichtig ist, eine Person zu beschreiben. So sollte man, wenn man beispielsweise Zeuge einer Straftat geworden ist, den Täter beschreiben können. Die Polizei kann ihn dann wahrscheinlich schneller verhaften.
Auch wenn eine Person vermisst wird, ist es wichtig, dass die Polizistinnen und Polizisten wissen, wie die oder der Vermisste aussieht.
Es gibt aber auch alltägliche Situationen, in denen Sie jemanden beschreiben müssen.

1 Sie haben den jungen Mann auf dem Foto rechts vor Kurzem kennengelernt. In einer E-Mail möchten Sie einer Freundin oder einem Freund von dieser Person berichten.
Fertigen Sie eine Personenbeschreibung an. Gehen Sie dabei wie folgt vor:
   a Schreiben Sie eine Liste, in der Sie möglichst viele Eigenschaften der Person in Stichpunkten notieren. Man nennt das auch Stoffsammlung.

Stoffsammlung:

Deutsch für die Ausbildungs- und Berufsvorbereitung ISBN 978-3-582-55855-8

b Ordnen Sie die Eigenschaften in einer Liste, indem Sie Nummern über die Stichpunkte schreiben. Sie können beim Kopf der Person anfangen und bei den Füßen enden oder umgekehrt. Sie können auch zunächst die körperlichen Eigenschaften und dann die Kleidung einordnen.

c Formulieren Sie nun aus den geordneten Eigenschaften Sätze. Achten Sie darauf, dass die Satzanfänge sich nicht ständig wiederholen.

4 Anweisungen – lesen, verstehen und danach handeln

Anweisungen sind beschreibende Texte, die den Leser über Vorgänge oder Abläufe informieren. Sie müssen sachlich richtig und zutreffend formuliert sein und sollten keine überflüssigen Informationen enthalten.
Anweisungen und Beschreibungen müssen sinnvoll und übersichtlich gegliedert sein. Sie müssen sprachlich so gestaltet sein, dass der Leser/Benutzer danach handeln kann.

Vorgangsbeschreibung: eine Gemüsesuppe kochen

1. Schritt: das Einkaufen und vorbereiten

1 Benennen Sie die jeweiligen Zutaten auf Ihrer Einkaufsliste, indem Sie deren Bezeichnungen in die jeweiligen Kästchen eintragen.

2 Ordnen Sie die Zutaten den Oberbegriffen zu:

- **Gemüse:** ______
- **Gewürze:** ______
- **Flüssigkeit:** ______
- **Fett:** ______

Deutsch für die Ausbildungs- und Berufsvorbereitung ISBN 978-3-582-55855-8

2. Schritt: Küchengeräte bereitstellen

1 Suchen Sie die Silben zusammen und schreiben Sie die richtige Bezeichnung für die Küchengeräte in das entsprechende Feld.
Tipp: Streichen Sie alle einmal verwendeten Silben durch!

2. Silbe	3. Silbe	alle weiteren Silben
~~schä~~ löf brett tropf topf löf bech ler tof schüs chen löf pen	~~ler~~ fel mes fel fel fel er sel schüs sieb	schäl ser ser mes sel

Spar schä ler	**Koch**	**Rühr**
Ab	**Ess**	**Tel**
Kü	**Schneid**	**Sup**
Tee	**Mess**	**Koch**
Kar		

2 Benennen Sie die benötigten Küchengeräte, indem Sie die Bezeichnungen aus Aufgabe 1 in die jeweiligen Kästchen neben den Geräten eintragen.

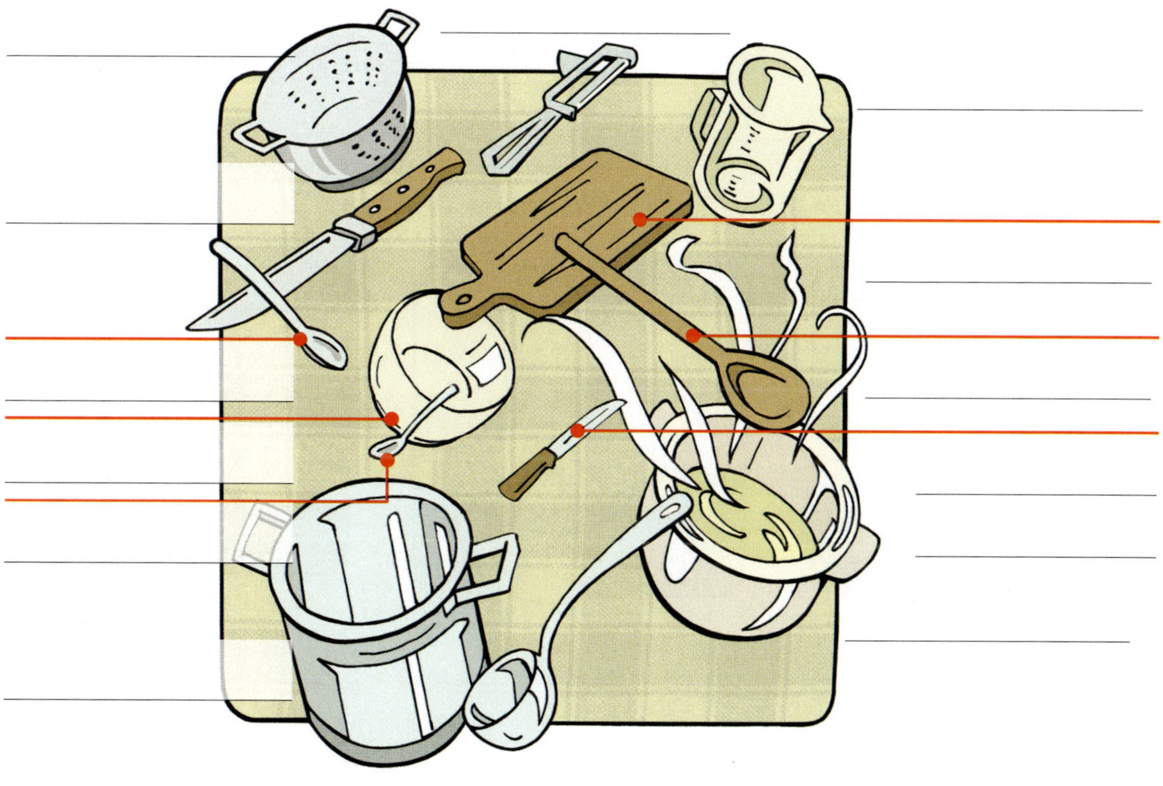

3. Schritt: das Kochen vorbereiten

1 Beschreiben Sie in Stichworten die einzelnen Arbeitsschritte.

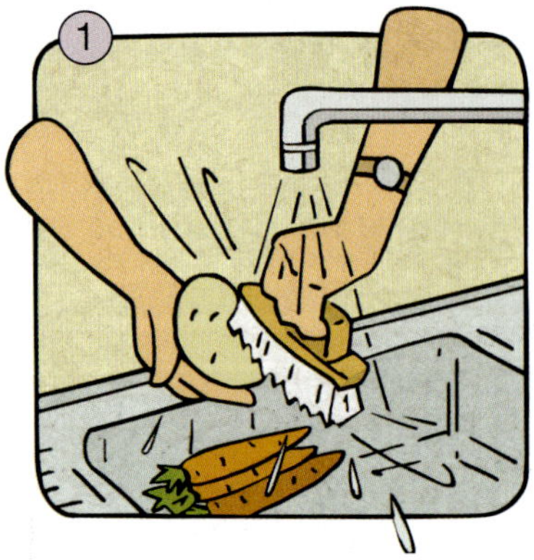

Deutsch für die Ausbildungs- und Berufsvorbereitung ISBN 978-3-582-55855-8

4. Schritt: das Kochen

1 Beschreiben Sie in ganzen Sätzen, welche weiteren Arbeitsschritte für das Kochen der Gemüsesuppe notwendig sind. Formulieren Sie Ihre Sätze so, dass jeder danach handeln kann.

a Zuerst gibt man mit dem Esslöffel Margarine in den Kochtopf und erwärmt das Fett bei großer Hitze so lange, bis es flüssig ist.

Merke:
Verben wie zum Beispiel „kochen", „essen", „schneiden" oder „rühren" beschreiben Tätigkeiten. Man schreibt sie dann **klein**.

Aber: Aus jedem Verb kann ein **Substantiv** werden, wenn man den Artikel „das" davor setzt. So zum Beispiel „das Kochen", „das Essen", „das Schneiden", „das Rühren".
In diesem Fall schreibt man sie **groß**.

2 Setzen Sie die eingeklammerten Wörter in die Lücken ein und entscheiden Sie, ob es sich um ein Verb oder ein Substantiv handelt.
Beachten Sie: Manchmal muss man sich den Artikel auch nur denken – das Wort wird dann trotzdem großgeschrieben.

__________ (essen) und __________ (trinken) hält Leib und Seele zusammen. Für viele Menschen hat das __________ (essen) und __________ (trinken) eine ganz große Bedeutung. Jeden Mittag treffen sie sich mit ihren Kollegen zum __________ (essen) in einem Restaurant. Viele Schüler gehen nach Schulschluss zum __________ (essen) nach Hause. Viele Familien treffen sich einmal am Tag, um gemeinsam zu __________ (essen). In einigen Familien aber fällt das __________ (essen) mittags aus. Wie gut, dass man auf dem Nachhauseweg an einem Imbiss vorbeikommt. Dort kauft man sich dann einfach etwas, um es __________ (zu essen) und __________ (zu trinken).

3 Formulieren Sie die unten stehenden Sätze wie im folgenden Beispiel um.

Beispiel: Zum Kochen von Suppe benutzt man einen Topf.
Um Suppe zu kochen, benutzt man einen Topf.

Zum Schälen der Kartoffeln benutzt man ein Kartoffelschälmesser.

____

Nach der Vorbereitung der Zutaten fängt man an zu kochen.

____

Zum Servieren der Suppe benutzt man eine Terrine.

____

Vor dem Kochen muss das Gemüse gewaschen werden.

____

Deutsch für die Ausbildungs- und Berufsvorbereitung ISBN 978-3-582-55855-8

Vorgangsbeschreibung: ein Auto starten

1 Um ein Auto zu starten, muss man bestimmte Handlungen in einer festgelegten Reihenfolge ausführen. Bestimmen Sie diese Reihenfolge, indem Sie die Kästchen in der richtigen Reihenfolge nummerieren.

- [ ] Gas geben und losfahren
- [ ] Bremse und Kupplung treten, den Anlasser betätigen
- [ ] Handbremse lösen und den ersten Gang einlegen
- [ ] die Zündung einschalten
- [ ] Kupplung treten und das Getriebe auf Leerlauf stellen
- [ ] das Kupplungspedal treten
- [ ] die Kupplung langsam kommen lassen
- [ ] den linken Blinker betätigen
- [ ] in den Rückspiegel schauen
- [ ] Scheiben putzen
- [ ] einsteigen
- [ ] den Motor starten

Bei der Beschreibung einer Handlung oder eines Vorgangs kommt es darauf an, die Handlungsschritte in der richtigen zeitlichen Abfolge zu beschreiben.
Dazu benutzt man Zeitwörter (Adverbien) wie im folgenden Wörterkasten.

Wörterkasten zu den Zeitangaben:
zuerst – dann – danach – jetzt – anschließend – schließlich – zuletzt – während – sobald - darauf – zum Schluss – nun – nachdem – zu Beginn

2 Sortieren Sie die Wörter aus dem Wörterkasten.

An den Anfang eines Textes passt: ______________________________

Ans Ende gehört: ______________________________

In der Mitte eines Textes könnte stehen: ______________________________

____

3 Erklären Sie in eigenen Worten, wie man ein Auto startet. Verwenden Sie dabei die Adverbien (Zeitwörter) aus dem Wörterkasten auf Seite 35:

Zuerst putzt man die Scheiben. Dann steigt man ein. Sobald

4 Nach ihrer ersten Fahrstunde erklärt Mareike ihrem Freund Karsten, wie sie das Auto gestartet hat. Beschreiben Sie den Vorgang aus Mareikes Sicht.

Also, zuerst habe ich für klare Sicht gesorgt und die Scheiben geputzt. Dann bin ich eingestiegen.

5 Viele Vorgänge lassen sich durch ganz genaue Wörter viel besser beschreiben. Finden Sie jeweils treffendere Verben, um die Vorgänge zu beschreiben.

aufmachen	→ **die Autotür**	
	→ **die Haustür**	
	→ **den Briefumschlag**	
	→ **ein Geschäft**	
zumachen	→ **das Schiebedach**	
	→ **ein Buch**	
	→ **einen Briefumschlag**	
	→ **die Autotür**	

Deutsch für die Ausbildungs- und Berufsvorbereitung ISBN 978-3-582-55855-8

5 Texte lesen – Inhalte verstehen

Schlagzeilen verstehen

> Wenn Sie sich die erste Seite einer Tageszeitung ansehen, fällt sie Ihnen sofort auf: die große Schlagzeile. In den meisten Fällen erkennt man sofort, worum es an diesem Tag geht.

1 Notieren Sie in der rechten Spalte in möglichst einem Satz, welchen Inhalt die Meldung zur dazugehörigen Schlagzeile haben könnte.

Schlagzeile:	Inhalt der Meldung:
Altes Ehepaar gefesselt und beraubt	______________________
R A N D A L E AUF SZENEPARTY	______________________
Nadine: kein Foto von Heidi	______________________
Brutal: Rentnerin von zwei 14-jährigen Mädchen überfallen	______________________

2 Beantworten Sie die folgenden zwei Fragen schriftlich.

a Welche Aufgabe muss eine Schlagzeile erfüllen?

____

____

____

b Welche Merkmale haben Schlagzeilen?

____

____

____

____

____

Schlagzeilen analysieren und umformulieren

Um Schlagzeilen wirklich verstehen zu können, muss man wissen,
- was passiert ist,
- wer oder was etwas verursacht hat und
- gegebenenfalls wem etwas passiert ist.

Merke:
In Sätzen, die im Passiv stehen, wird mit jemandem oder einer Sache etwas getan. Man nennt das Passiv daher auch Leideform. Frage: Wer erleidet was?

1 a Formulieren Sie die folgenden Schlagzeilen zu vollständigen Sätzen um.
b Unterstreichen Sie alle Wörter, die Sie ergänzen mussten.

1 **Lehrer von Schülerin angeschrien**

Ein Lehrer wurde von einer Schülerin angeschrien.

2 **Einbrecher von Fahndern gefasst**

3 **BANKRÄUBER VON KASSIERERIN ERKANNT**

4 **QUEEN ADELT SCHAUSPIELER**

5 **Geisel von Pastorin befreit**

	Was ist passiert?	Wem ist es passiert?	Wer ist der Verursacher?
1	jemand ist angeschrien worden	einem Lehrer	eine Schülerin
2			
3			
4			
5			

Deutsch für die Ausbildungs- und Berufsvorbereitung ISBN 978-3-582-55855-8

2 Lesen Sie die folgenden Texte aufmerksam durch. Formulieren Sie dann zu jedem Text eine passende Schlagzeile.

Trappenkamp. Mehr als 80 Jugendliche haben sich in der Nacht zum Sonntag in Trappenkamp (Schleswig-Holstein) eine Schlägerei in einem Jugendzentrum geliefert. Dabei wurden drei Personen verletzt. In dem Jugendzentrum hatten 40 Jugendliche eine Geburtstagsparty gefeiert, als sie von einer anderen Gruppe gestört wurden. Der anfangs harmlose Streit eskalierte, sodass die Schlägerei nur durch ein Großaufgebot der Polizei unter Kontrolle gebracht werden konnte. ■

Hamburg. Der Mann wirkte zerknirscht, als er am Montagabend im Polizeikommissariat in Altona meldete, dass ihm am Hafen sein Motorrad geklaut worden sei. Er sei aus Lüneburg und habe mit seiner Kawasaki eine Tour an die Elbe gemacht. Dort habe er sie abgestellt. Als er wieder aufsatteln wollte, sei seine Maschine weg gewesen.

Die Beamten wurden misstrauisch, weil der Mann so gut frisiert war. Ein Motorradhelm hätte Spuren hinterlassen. Nachdem die Polizisten die Anzeige aufgenommen hatten, verfolgten sie Manuel J. Als er in sein Auto steigen wollte, stellten sie den Mann zur Rede. Nun gab er zu, dass er die Maschine vor Kurzem zu Schrott gefahren hatte und hoffte, von der Diebstahlversicherung Geld zu bekommen. Mit dem Spürsinn der Polizei hatte er nicht gerechnet. ■

Leipzig. Das Konzert dauerte gerade eine halbe Stunde, als Schlagerstar Michelle vor den Augen ihrer Fans zusammensackte. Das Licht ging aus, die Schlagersängerin wurde von der Bühne getragen. Der Notarzt ließ sie nicht wieder auf die Bühne. Jetzt stehen mehrere Auftritte infrage. ■

Köln. Sie geben alles bei „Deutschland sucht den Superstar" – und werden gnadenlos verspottet.

„Die haben mich blamiert, um Quote zu machen! Ich habe sofort losgeheult, Karina hat mich in den Arm genommen und getröstet. Jetzt bekomme ich anonyme Anrufe von Leuten, die mich verarschen und ‚Hallo Kakerlake!' in den Hörer brüllen.

Ich trau mich gar nicht mehr aus dem Haus! Das alles macht mich psychisch echt fertig. Die sollen jemanden in die Jury setzen, der Ahnung von Musik hat!" ■

Potsdam. Die haben doch einen an der Latte! Seit sieben Monaten streiten sich ein Bundestagsabgeordneter und eine Gräfin vor Gericht. Offiziell geht es um eine Zaunlatte, die der Abgeordnete der Gräfin gestohlen haben soll. Höhepunkt einer jahrelangen Nachbarschaftsfehde in feinsten Kreisen. Schauplatz der Streitigkeiten: Ein Dorf in Brandenburg mit neun Einwohnern in fünf Häusern, zwei Ställen und jeder Menge Wald und Wiesen. Idylle pur – wären da nicht die beiden Streithähne. Mal ging es um einen Bootssteg, dann um einen Weg zum See, abgesägte Mirabellenbäume und Stinkbomben im Auto. ■

Einen Text lesen und verstehen

Wer einen Text liest, will auch verstehen, worum es geht. Das ist bei langen und komplizierten Texten nicht immer ganz einfach.
Um die Aussageabsicht ganz unterschiedlicher Texte erfassen zu können, kommt es darauf an, wie man einen Text liest.
Wie man liest, also welche Methode man wählt, hängt davon ab, wozu man liest.

1 Verschaffen Sie sich einen Überblick über den Inhalt des Textes. Unterstreichen Sie dazu die Worte Ernährung/essen und Krankheit/krank.

Wir essen uns krank

Fehlernährung ist heute eines der schwierigsten Probleme für die Menschen in aller Welt. Sie tritt in verschiedenen Formen auf: als Mangel- oder Unterernährung in den Entwicklungsländern und als Überernährung in den Industrieländern.
Für den Verbraucher in den Industrieländern stellt sich nicht die Frage nach der ausreichenden Versorgung mit Nahrungsmitteln. Der Verbraucher steht vielmehr vor dem Problem, aus dem reichlichen Angebot von Nahrung die richtige Auswahl zu treffen. Richtige Ernährung ist eine wichtige Voraussetzung für Gesundheit und Leistungsfähigkeit. Ein großer Teil der sogenannten Zivilisationskrankheiten entsteht durch falsche Ernährung.
Ein hoher Anteil der mit falscher Ernährung in Zusammenhang stehenden Krankheiten wird nach neuesten wissenschaftlichen Untersuchungen durch den zunehmenden Verzehr von Fleisch verursacht.
Für viele Menschen gehört Fleisch unbedingt zum guten Essen. Es ist richtig, dass ein Leistungssportler doppelt so viel Eiweiß braucht wie ein Mensch, der körperlich untätig ist. Die meisten Menschen in den Industrieländern leisten körperlich aber immer weniger, ernähren sich aber so, als ob sie täglich Höchstleistungen vollbringen müssten.
Dadurch essen wir uns krank.
Wissenschaftler haben herausgefunden, dass der übermäßige Verzehr von Fleisch der wichtigste Grund für die Entstehung von Herz- und Kreislauferkrankungen ist. Seit Jahren raten Ernährungswissenschaftler in Deutschland dazu, den Speisezettel wieder mehr mit pflanzlichen Produkten zu füllen. Vegetarier leben gesünder – das ergab eine Studie des Berliner Gesundheitsamtes. Aber die Essgewohnheiten zu verändern, fällt den meisten Menschen sehr schwer. So werden auch in Zukunft noch viele Menschen ihre Gesundheit aufs Spiel setzen.

Deutsch für die Ausbildungs- und Berufsvorbereitung ISBN 978-3-582-55855-8

2 Kreuzen Sie an, ob die folgenden Aussagen richtig oder falsch sind.

Aussage	richtig	falsch
1. Die Menschen in den Entwicklungsländern leiden unter Fehlernährung.	◌	◌
2. Die Menschen in den Industrieländern sind ausreichend mit Lebensmitteln versorgt.	◌	◌
3. Täglich Fleisch zu essen, nützt der Gesundheit.	◌	◌
4. Wer so viel wie ein Leistungssportler isst, ernährt sich richtig.	◌	◌

Die 4-Schritt-Lesemethode

Um einen Text wirklich zu verstehen, muss man ihn sorgfältig lesen. Hierzu kann man die 4-Schritt-Lesemethode verwenden, die einem hilft, den Text zu erschließen.

1. Schritt: Unbekannte Wörter unterstreichen und im Bedeutungs- oder Fremdwörterbuch nachschlagen. Die Bedeutung notieren.

Beispiel:
Zivilisationskrankheiten – Krankheiten, die in verbesserten Lebensverhältnissen ausbrechen

2. Schritt: Alle wichtigen Informationen markieren – so wenig wie möglich, so viel wie nötig!
Hinweis: Benutzen Sie hierfür einen Markierungsstift!

3. Schritt: Die wichtigsten Wörter (Schlüsselwörter) aus den markierten Stellen herausschreiben.

Beispiel: **Schlüsselwörter:**
Fehl-
Mangel-
Unter-
Über-
} ernährung → ernährungsbedingte Zivilisationskrankheiten

4. Schritt: Den Text in Sinnabschnitte unterteilen!
Jeden Abschnitt in ein bis zwei Sätzen zusammenfassen. Dabei helfen die markierten Wörter.

1 a Probieren Sie die oben vorgestellte Lesemethode am Text auf der nächsten Seite aus. Nutzen Sie die Schreiblinien, um Ihre Sinnabschnitte in ein bis zwei Sätzen zusammenzufassen (4. Schritt).
b Beantworten Sie dann in Stichworten die folgenden Fragen zum Text.

1. Welches Problem bedroht die Weltbevölkerung?

____

2. In welchen Formen tritt dieses Problem auf?

____

3. Wieso benötigen Hochleistungssportler eiweißreiche Nahrung?

____

____

4. Wozu raten die Ernährungswissenschaftler?

____

Wir essen uns krank

Fehlernährung ist heute eines der schwierigsten Probleme für die Menschen in aller Welt. Sie tritt in verschiedenen Formen auf: als **Mangel- oder Unterernährung** in den Entwicklungsländern und als **Überernährung** in den Industrieländern.

Fehlernährung, also Mangel- Unter- und Überernährung ist ein großes Problem für die Weltbevölkerung.

Für den Verbraucher in den Industrieländern stellt sich nicht die Frage nach der ausreichenden Versorgung mit Nahrungsmitteln. Der Verbraucher steht vielmehr vor dem Problem, aus dem reichlichen Angebot von Nahrung die richtige Auswahl zu treffen. Richtige Ernährung ist eine wichtige Voraussetzung für Gesundheit und Leistungsfähigkeit. Ein großer Teil der sogenannten Zivilisationskrankheiten entsteht durch falsche Ernährung.

Ein hoher Anteil der mit falscher Ernährung in Zusammenhang stehenden Krankheiten wird nach neuesten wissenschaftlichen Untersuchungen durch den zunehmenden Verzehr von Fleisch verursacht.

Für viele Menschen gehört Fleisch unbedingt zum guten Essen. Es ist richtig, dass ein Leistungssportler doppelt so viel Eiweiß braucht wie ein Mensch, der körperlich untätig ist. Die meisten Menschen in den Industrieländern leisten körperlich immer weniger, ernähren sich aber so, als ob sie täglich Höchstleistungen vollbringen müssten. Dadurch essen wir uns krank.

Wissenschaftler haben herausgefunden, dass der übermäßige Verzehr von Fleisch der wichtigste Grund für die Entstehung von Herz- und Kreislauferkrankungen ist.

Seit Jahren raten Ernährungswissenschaftler in Deutschland dazu, den Speisezettel wieder mehr mit pflanzlichen Produkten zu füllen. Vegetarier leben gesünder – das ergab eine Studie des Berliner Gesundheitsamtes. Aber die Essgewohnheiten zu verändern, fällt den meisten Menschen sehr schwer. So werden auch in Zukunft noch viele Menschen ihre Gesundheit aufs Spiel setzen.

Deutsch für die Ausbildungs- und Berufsvorbereitung ISBN 978-3-582-55855-8

Texte ordnen und vervollständigen

> Texte haben eine äußere Form und eine innere Logik. Die Sätze bauen aufeinander auf. Dadurch versteht der Leser den Text und erfährt Satz für Satz immer mehr.

1 Bei den folgenden Texten sind die Sätze durcheinander geraten. Ordnen Sie die Sätze zu einem sinnvollen Text. Nummerieren Sie hierfür die Sätze oder Satzabschnitte.

Betrug mit EC-Karten

____ Gegen 2.00 Uhr morgens zogen sie von einem Geldautomaten zum anderen und hoben hohe Summen ab.

____ Die dazu gehörigen PIN-Nummern hatten die Betrüger auf die Karten geklebt.

____ Zivilfahnder erwischten an einem Automaten in Offenbach zwei Betrüger,

____ Von außen war nichts zu erkennen,

____ Die Täter gehören vermutlich zu einer Bande,

____ Die Männer hatten insgesamt 49 Blankokarten bei sich.

____ die gerade mehr als 1300 Euro abgehoben hatten.

____ die von Dänemark nach Hannover gereist ist.

____ Noch ist unklar,

____ aber auf den Magnetstreifen waren Daten von funktionierenden Karten.

____ wie hoch der Gesamtschaden ist.

2 Schreiben Sie den geordneten Text auf.

3 Auch in dem folgenden Pausengespräch sind die Sätze durcheinander geraten. Versuchen Sie in Gruppen, das Gespräch in eine logische Reihenfolge zu bringen. Vergleichen Sie hinterher Ihre Ergebnisse untereinander.

Pausengespräch

___	**Anton:**	„Warum denn? Los, erzähl schon!“
___	**Ahmad:**	„Ich habe nur gesehen, wie Luis auf André losgegangen ist.“
___	**Anton:**	„Warum bist du denn so wütend geworden, Luis?“
___	**Anton:**	„Einfach so?“
___	**Luis:**	„Wieso? Ich darf doch wohl noch mal mit seiner Freundin sprechen. Die ist doch nicht sein Eigentum!“
___	**Ahmad:**	„Ich wäre auch sauer geworden!“
___	**Boris:**	„André hat ihm eine Schlägerei angedroht.“
___	**Luis:**	„Ich habe doch nur gefragt, ob sie mal mit mir tanzt!“
___	**Ahmad:**	„Geh doch zu André und sag, dass das nicht wieder vorkommt!“
___	**Luis:**	„Was soll ich denn jetzt tun?“
1	**Boris:**	„Mann, in der Pausenhalle war eben was los!“
___	**Anton:**	„Was denn? Erzähl doch mal!“
___	**Boris:**	„André hat ihn vorher in der Stunde auch schon genervt.“
___	**Luis:**	„Weil André mich so blöd angemacht hat?“
___	**Luis:**	„Nein, er ist sauer, weil ich am Samstagabend im Club mit seiner Freundin gesprochen habe.“
___	**Ahmad:**	„Das war aber auch 'ne blöde Anmache!“
___	**Boris:**	„Da hat er auch wieder Recht!“

4 Beantworten Sie nun die folgenden Fragen zum obigen Text.

a Was ist in der Pausenhalle geschehen?

___

b Wer war daran beteiligt?

___

c Wer hat das Geschehen beobachtet?

___

Deutsch für die Ausbildungs- und Berufsvorbereitung ISBN 978-3-582-55855-8

d Wer hat den Streit verursacht?

e Was war der Grund für den Streit?

Viele kurze Texte geben nur einen Teil des Geschehenen wieder, weil sie einen bestimmten Sachverhalt in den Vordergrund stellen. Nur wer ein entsprechendes Hintergrundwissen hat, weiß beispielsweise, wie ein Ereignis letztendlich ausgegangen ist. Manchmal hilft auch die eigene Fantasie, um sich etwas vorzustellen.

5 Überlegen Sie sich, wie die folgenden zwei Zeitungsartikel fortgeführt werden könnten. Notieren Sie jeweils einen eigenen kurzen Textabschluss.

Massenschlägerei nach dem Champions-League-Duell

Die spanische Sporttageszeitung AS zu den skandalösen Ausschreitungen nach dem Champions-League-Duell zwischen Valencia und Inter Mailand: „Das waren Szenen wie bei Rocky 6. Das hat mit Fußball nichts mehr zu tun. Schämt euch.“

Millionen Fans vorm TV in ganz Europa wurden Zeuge der unfassbaren Prügelszenen nach dem Schlusspfiff. Nachdem Valencias Torwart nach einem Wortgefecht Mailands Stürmer übel getreten hatte, waren am Mittelkreis blitzschnell fast alle Spieler in eine Massenschlägerei verwickelt.

DAS SOLL „UNTERHALTUNG“ SEIN?

„Dschungelcamp“ brutal eklig. Eine von der Gruppe ausgegrenzte Teilnehmerin bekommt von den Essensrationen nichts mehr ab, da sie sich weigerte, eine Aufgabe auszuführen. Da durch die Weigerung auch die anderen weniger Lebensmittel erhalten, beschlossen sie, nichts abzugeben. Die Aufgabe bestand darin, die Nase möglichst tief in einen Haufen Kot zu stecken.

Inhalte von Texten gezielt erfragen

Die sogenannten W-Fragen helfen, Texte zu ordnen und zu verstehen.

Was	ist geschehen?	fragt nach	dem Geschehen, Ereignis, Vorfall, Unfall usw.
Wer	war beteiligt?	fragt nach	den Beteiligten, den Opfern, dem Täter usw.
Wann	ist es geschehen?	fragt nach	dem Zeitpunkt, dem Datum usw.
Wo	ist es passiert?	fragt nach	dem Ort
Wie	ist es abgelaufen?	fragt nach	dem Hergang, dem Ablauf, der Abfolge usw.
Warum	ist es passiert?	fragt nach	den Ursachen, dem Grund usw.
Welche	Folgen hat es?	fragt nach	den Auswirkungen, den Folgen usw.

Hund fiel drei Kinder an

Hamburg. Ein offensichtlich außer Kontrolle geratener Hund hat gestern, am 3. Mai, auf einem Kinderspielplatz in Hamburg-Bergedorf drei Kinder im Alter von fünf, sieben und zehn Jahren angefallen und zwei von ihnen leicht verletzt. Mitarbeiter des Städtischen Ordnungsdienstes brachten das Tier nach dem Vorfall in das Tierheim Süderstraße. Die Polizei ermittelt jetzt wegen gefährlicher Körperverletzung gegen den Halter des Hundes.

Die Attacke geschah gegen 13 Uhr auf einem Spielplatz am Amalie-Sieveking-Weg. Eine Zeugin berichtete, sie habe erst lautes Hundegebell, dann gellende Kinderschreie gehört. Der Hund habe die Kinder angegriffen und gebissen. Als sie weglaufen wollten, habe der Hund sie daran gehindert.

Dann erst kam die Halterin des Hundes angelaufen und konnte das Tier auch nicht gleich beruhigen. Eines der Opfer, ein 10-jähriger Junge, erlitt eine blutende Bisswunde hinter dem linken Ohr und am Handgelenk. Der Junge hatte Glück, weil ihn seine dicke Daunenjacke gegen die Attacken des Hundes schützte. Die Kinder konnten das Krankenhaus nach ambulanter Behandlung verlassen. Die Halterin des Hundes gab an, den Hund in Pflege zu haben. Sie stand unter Alkoholeinfluss.

Deutsch für die Ausbildungs- und Berufsvorbereitung ISBN 978-3-582-55855-8

1 Beantworten Sie die W-Fragen für den links stehenden Zeitungstext:

Was ist geschehen?	
Wer war beteiligt?	
Wann ist es geschehen?	
Wo ist es passiert?	
Wie ist es passiert?	
Warum ist es passiert?	
Welche Folgen hat das Geschehen?	

2 a Tragen Sie zu den vorgegebenen Informationen das entsprechende Fragewort ein.

Vorgegebene Informationen	W-Fragewort
■ Verkehrsunfall	
■ früher Morgen	
■ Donnerstag, den 05.01.2021	
■ Fleischerbrücke in Nürnberg	
■ der 47-jährige Jürgen R.	
■ Kontrolle über seinen Wagen verloren	
■ mit Blitzampel kollidiert	
■ Totalschaden am Ford Fiesta	
■ Kosten für die Ampelsäule: 2500 €	
■ ungeklärte Ursache	

b Formulieren Sie aus den gegebenen Informationen eine Nachricht in Form eines kurzen Zeitungsartikels.

Deutsch für die Ausbildungs- und Berufsvorbereitung ISBN 978-3-582-55855-8

3 Schreiben Sie selbst einen kurzen Text zu einem aktuellen Ereignis, z. B. dem Geburtstag einer Freundin/eines Freundes, dem letzten Kinobesuch oder einer Party.

a Überlegen Sie hierzu zuerst, was Sie an Vorgegebenem benötigen. Füllen Sie hierfür die Zeilen neben den Fragewörtern aus.

Was?	
Wer?	
Wo?	
Wann?	

b Schreiben Sie nun mit Hilfe Ihrer Informationen einen kurzen Text.

6 Berichten – etwas genau mitteilen

Der Bericht

Berichte sind Mitteilungen, die über ein tatsächliches Geschehen wahrheitsgetreu und sachlich informieren. Das bedeutet, es werden keine Gefühle, Meinungen und Vermutungen geäußert.

Ein Bericht antwortet auf die Fragen „was“, „wer“, „wo“, „wann“, „warum“ und „wie“.
Man kann sich auch das Kunstwort **„POZUGAF“** merken: **P**erson, **O**rt, **Z**eit, **U**rsache, **G**eschehen, **A**usgang, **F**olgen.
Weil über etwas berichtet wird, das bereits passiert ist, wird die Zeitform der Vergangenheit verwendet (siehe hierzu auch Seite 80).

Wie kann Vergangenes ausgedrückt werden?

Er **rief** um Hilfe.
(Vergangenheit)

Er **hatte** um Hilfe **gerufen.**
Er **war stehen geblieben.**
(vollendete Vergangenheit)

Er **hat** um Hilfe gerufen.
Sie **ist** sofort **stehen geblieben.**
(vollendete Gegenwart)

Beispiele für Berichte:
Erlebnisbericht, Unfallbericht, Wetterbericht, Tätigkeitsbericht, Unternehmensbericht, Spielbericht (z. B. Fußball), Lagebericht (z. B. Verkehrslage), Kriegsbericht usw.

1 Ordnen Sie die nachfolgenden Formulierungen den oben aufgeführten Berichtsarten zu.

Vereinzelt regnete es.	Wetterbericht
Der Junge mit dem Ball lief plötzlich los.	
Anschließend verputzten wir die Mauer.	
Der Gefoulte wurde schnell vom Feld getragen.	
Beide Seiten haben erhebliche Opfer zu beklagen.	
Die Auftragslage war ebenso schlecht wie die Umsätze.	
Der Ferienort lag direkt am Meer.	
Auf der A4 staute sich der Verkehr wetterbedingt.	

Deutsch für die Ausbildungs- und Berufsvorbereitung ISBN 978-3-582-55855-8

2 Setzen Sie in den folgenden Auszug aus einem Spielbericht die fehlenden Verben (Tätigkeitswörter) in der richtigen Zeitform ein. Verwenden Sie den unten stehenden Wörterkasten A.

In der 12. Minute der zweiten Halbzeit ______________ Spieler Nr. 3 (SV Burg) unerwartet den Ball und ______________ zum gegnerischen Tor. Seine Aussicht auf Erfolg ________ hervorragend, da er nur noch den Torwart ______________________. Der Spieler Nr. 4 (BVF) ______________ ihn und ______________ ihn kurz vor dem Strafraum ______________. Er _________ Spieler Nr. 3 (SV Burg) von hinten in die Beine, sodass dieser ________ und ________________. Ich __________________ sofort die rote Karte und __________________ einen Feldverweis. Spieler Nr. 4 (BVF) __________________ bereits eine Verwarnung in der ersten Halbzeit __________________.

Frohnau, den 05.04.2021 *Sebastian Stark* (Schiedsrichter)

Wörterkasten A:
erteilen, stürmen, sich verletzen, erreichen, erhalten haben, sein, ziehen, können, sich erspielen, treten, verfolgen, überwinden müssen, fallen

3 Entnehmen Sie dem Spielbericht des Schiedsrichters die wesentlichen Informationen und notieren Sie diese.

Was? (Ereignis, Vorfall/Ausgang, Folgen)	
Wer? (beteiligte Personen)	
Wo? (Ort)	
Wann? (Zeit)	
Warum? (Ursache, Grund)	
Wie? (Ablauf des Geschehens)	

Berichte selber schreiben

Beim Schreiben eines Berichts ist es wichtig, alle notwendigen Informationen in einer sinnvollen Reihenfolge zu übermitteln, sodass die Zusammenhänge erkennbar sind. Die Sprache sollte verständlich, genau und sachlich sein.

1 Ordnen Sie die Berichtsteile so, dass ein innerer Zusammenhang erkennbar wird. Achtung: Es gibt mehrere sinnvolle Lösungen.

____	Herr Blei gab an, bei Gelb auf die Kreuzung gefahren zu sein.
____	Frau Süß wurde schwer verletzt und konnte nicht vernommen werden.
____	Am 24.04.2021, 17:10 Uhr ereignete sich in Leipzig auf der Grünauer Allee ein folgenschwerer Unfall.
____	Zur gleichen Zeit fuhr der VW Polo von der Neuen Leipziger Straße kommend nach links auf die Grünauer Allee.
____	Beim VW Polo liegt Totalschaden vor. Der Sachschaden des VW-Multivan beläuft sich auf ungefähr 12 000 Euro.
____	Beteiligt waren ein VW Polo (Kennzeichen: L-PB 203, Fahrer Frau Süß, Leipzig, An der Seeburg 3) und ein VW-Multivan (Kennzeichen HH-BM 166, Fahrer Herr Blei, Hamburg, Königsforst 1a).
____	Seine Geschwindigkeit betrug ca. 20 km/h (1 m Bremsweg).
____	Aufgrund der Bremsspur von 7 m betrug seine Geschwindigkeit ca. 60 km/h.
____	Aussagen von verschiedenen Zeugen belegen, dass Herr Blei im Auto telefonierte, als es zum Unfall kam.
____	Wie an den vorangegangenen Tagen regnete es anhaltend.
____	Verschiedene Zeugen gaben zu Protokoll, dass Herr Blei die Kreuzung bei Rot befahren habe.
____	Der VW-Multivan fuhr auf der Grünauer Allee stadtauswärts.
____	Herr Blei erlitt eine Platzwunde am Kopf.
____	Unmittelbar darauf prallte der VW-Multivan mit dem linken vorderen Kotflügel in die hintere rechte Seite des VW Polo.

2 Schreiben Sie den Bericht entsprechend Ihrer Abfolge nieder.

Deutsch für die Ausbildungs- und Berufsvorbereitung ISBN 978-3-582-55855-8

3 Fertigen Sie eine Skizze an, die das Unfallgeschehen in seinen Einzelheiten abbildet.

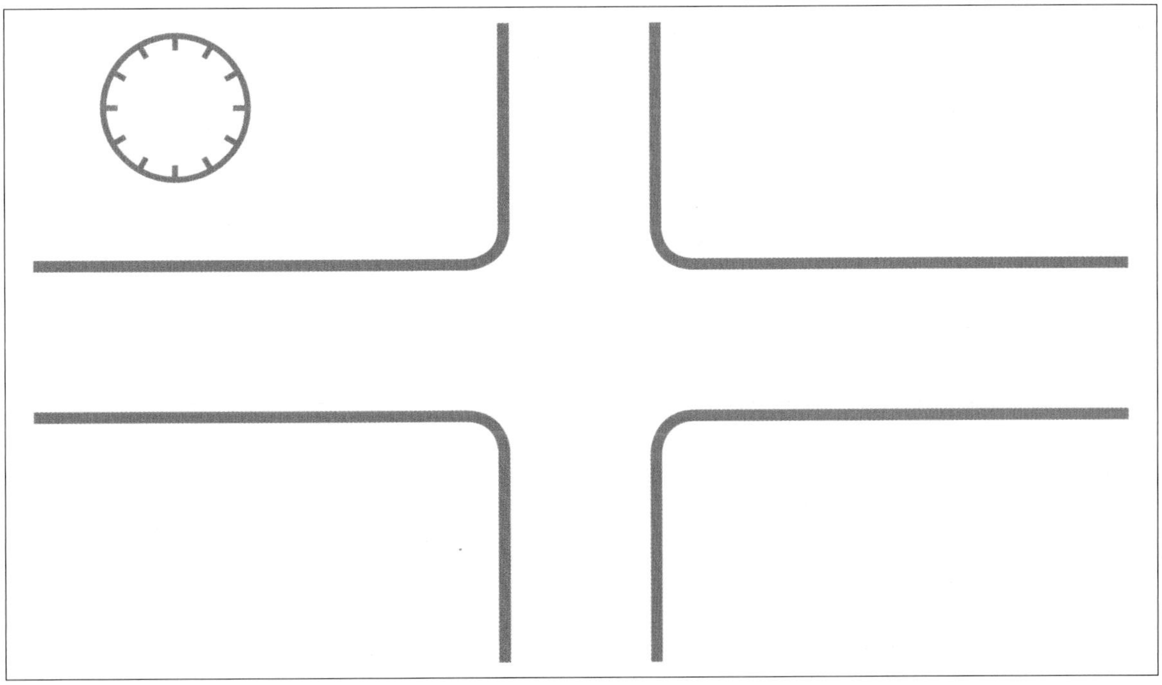

 ISBN 978-3-582-55855-8

4 Formulieren Sie einen Bericht unter Zuhilfenahme der angegebenen Informationen. Achten Sie auf die richtige Zeitform.

Junge (4 Jahre), Spielplatz, 02.02.2021, Schlitten, Einbahnstraße, 16:30 Uhr, Transporter, Dämmerung, Ausfahrt, Krankenhaus, Schock, Elfenweg

Personen
Ort
Zeit
Ursache
Geschehen
Ausgang
Folgen

5 Wörter mit nahezu gleicher Bedeutung bezeichnet man als Synonyme, sie gehören zu einem Wortfeld. Unterstreichen Sie die Begriffe, die Sie in einem Bericht verwenden würden.

sehen	gucken, erblicken, beobachten, erspähen, wahrnehmen, besichtigen, gewahren, schauen, anschauen, bemerken, betrachten, beachten, anblicken, ansehen, erkennen, besehen, mustern, glotzen
sagen	erzählen, aussagen, plaudern, schwatzen, ausdrücken, äußern, reden, sprechen, kundtun, erklären, offenbaren, bemerken, herausbringen, verdeutlichen, flüstern, rufen, fragen, anschnauzen, labern, tratschen, kreischen

6 Finden Sie Begriffe, die zum Wortfeld „gehen“ gehören.

gehen	

Deutsch für die Ausbildungs- und Berufsvorbereitung ISBN 978-3-582-55855-8

7 Setzen Sie in dem nachfolgenden Wetterbericht bzw. in der Wettervorhersage geeignete Bindewörter (Konjunktionen) ein. Durch sie kann man Ursachen und ihre Auswirkung oder Schlussfolgerungen zum Ausdruck bringen. Verwenden Sie hierzu den Wörterkasten unter dem Text.

In der vergangenen Nacht war es überwiegend klar, ______________ ein einzigartiger Sternenhimmel zu sehen war. Die Temperaturen fielen auf unter 5 °C, ______________ hatten wir die kälteste Nacht in diesem Sommer. Im Verlauf des Vormittags blieb es überwiegend heiter, ______________ stieg die Temperatur an der Nordseeküste auf über 20 °C ______________ im östlichen Teil Deutschlands sogar auf 25 °C, ______________ musste hier auf die erhöhte Waldbrandgefahr hingewiesen werden, ______________ auf die Gefahren im Umgang mit offenem Feuer. Gegen Abend kam es im Westen Deutschlands zum Durchzug von Wolkenfeldern, ______________ der Wind gedreht hatte. In der Nacht kann es zu Regenschauern kommen, ______________ nur vereinzelt. Der morgige Tag wird sich wieder sonnig und warm zeigen, aber ab übermorgen müssen wir verstärkt mit Schauern rechnen, ______________ wird das Tiefdruckgebiet nicht lange wetterbestimmend sein.

Wörterkasten:
weil, deshalb, sodass, somit, damit, folglich, nachdem, darum, also, aber, jedoch, allerdings, und

8 Führen Sie abschließend noch einmal alle wichtigen Eigenschaften auf, die einen Bericht kennzeichnen. (Hilfe finden Sie auf Seite 50.)

Ein Bericht hat folgende Eigenschaften:

____

____

____

____

____

____

____

7 Informationen austauschen

Telefongespräch und Telefonnotiz

Das Übermitteln von Informationen oder das Stellen von Anfragen kann schriftlich oder mündlich erfolgen. Hierzu stehen folgende Medien zur Verfügung: das Telefon, der Brief, das Internet oder die E-Mail. Je nach Anliegen treffen wir eine Wahl.

1 a Kreuzen Sie an, welches Medium Sie in den folgenden Fällen nutzen würden. (Mehrfachnennungen sind möglich!)

	Telefon	Brief	Internet	E-Mail
Vereinbarung eines Arzttermins	◌	◌	◌	◌
Krankmeldung in der Schule, beim Arbeitgeber	◌	◌	◌	◌
Rufen von Notarzt, Polizei oder Rettungsdienst	◌	◌	◌	◌
Widerspruch gegen einen amtlichen Bescheid	◌	◌	◌	◌
Buchen einer Übernachtung, Reise	◌	◌	◌	◌
Bestellen von Ware	◌	◌	◌	◌

b Vergleichen Sie Ihre Entscheidungen in der Klasse und besprechen Sie, welcher Weg jeweils der beste ist und warum.

2 Entscheiden Sie, ob Sie den folgenden Behauptungen zustimmen können oder nicht.

stimmt genau		stimmt nicht
◌	Telefonieren ist bequem und cool.	◌
◌	Telefonieren spart Zeit.	◌
◌	Telefonieren ist billiger als Brief oder E-Mail.	◌
◌	Telefonieren ist persönlicher als Brief oder E-Mail.	◌
◌	Am Telefon ist man offener und direkter als in einem persönlichen Gespräch.	◌

3 Wählen Sie eine der folgenden Situationen aus und bereiten Sie sich stichpunktartig oder durch mindestens vier vorbereitete Sätze bzw. Fragen auf ein Telefongespräch vor.

Jemand hat annonciert, dass er sein Skateboard verkaufen will. Sie wollen es vielleicht erwerben.	Sie sind krank und möchten dies der Schule mitteilen.	Sie haben Ware von einem Versandhandel erhalten, die Sie nicht bestellt haben.	Sie wollen einen Termin beim Arzt verschieben oder absagen.	Sie haben etwas im Bus vergessen und wollen nach dem vergessenen Gegenstand fragen.

weiter auf der nächsten Seite →

Deutsch für die Ausbildungs- und Berufsvorbereitung ISBN 978-3-582-55855-8

Guten Tag, mein Name ist ...

2 Entschlüsseln Sie den folgenden Merksatz über das Notieren von Gesprächsinhalten und schreiben Sie ihn sauber und in korrekter Rechtschreibung auf.

DIETELEFONNOTIZODERGESPRÄCHSNOTIZSOLLINFORMATIONENANEINEDRITTEPERSONWEITERL EITEN,DIEPERSÖNLICHODERTELEFONISCHNICHTERREICHBARWAR.AUFIHRWERDENDATUM,URZE- IT,NAMEUNDTELEFONNUMMERDESANRUFERSODERBESUCHERSSOWIEDESSENANLIEGENNOTIE RT.EBENSOSOLLTEERSICHTLICHSEIN,WELCHEVEREINBARUNGAMENDEDES GESPRÄCHESSTANDUNDDURCHWENDIENACHRICHTÜBERMITTELTWIRD,DAMITEVENTUELLN ACHGEFRAGTWERDENKANN.

Definition Gesprächsnotiz

Ein beruflich geführtes Telefongespräch unterscheidet sich deutlich von einem privaten Anruf. Sie können nicht einfach sprechen, „wie Ihnen der Schnabel gewachsen ist“. Sie müssen dem Anrufer in den meisten Fällen bestimmte Informationen vermitteln. Daher ist es wichtig, sich korrekt am Telefon zu melden – also höflich mit Namen und beispielsweise mit Angabe des Arbeitsplatzes.
Aber auch, wenn Sie ein Telefonat – z. B. mit einer öffentlichen Stelle – führen müssen, möchte die oder der Angerufene möglichst genau wissen, worum es geht.

Es ist egal, ob Sie *jemanden* anrufen oder selbst angerufen werden, im Verlaufe eines Gesprächs werden oft wichtige Einzelheiten vergessen. Daher ist es sinnvoll, sich eine Checkliste zu erstellen, sodass man im Nachhinein sicher sein kann, auch alle wichtigen Informationen erhalten oder alle wichtigen Fragen gestellt zu haben.

5 Was könnte auf Ihrer Checkliste für einen eingehenden Anruf stehen?

6 Während eines Praktikums nehmen Sie einen Anruf entgegen und führen das folgende Gespräch. Notieren Sie die für Ihren *Vorgesetzten* notwendigen Informationen auf dem Notizformular auf der rechten Seite.

Es ist der 20.05.2021, 12:30 Uhr, der Leiter der Abteilung Baumaterial, Herr Marx, ist zum Mittagessen gegangen und hat Sie beauftragt, allein die Stellung zu halten.

Herr Holz:	„Guten Tag, Holz mein Name, spreche ich mit Herrn Marx?“
Ich:	„Nein, Herr Marx ist zu Tisch.“
Herr Holz:	„Ich hatte nämlich Steine für meinen Hof bestellt, aber meine Frau hatte sich das anders vorgestellt, wir hätten jetzt doch lieber die dunkleren, ist das möglich?“
Ich:	„Das ist bestimmt kein Problem.“
Herr Holz:	„Mir ist noch aufgefallen, dass die dunkleren Steine auch billiger sind. Würden Sie dann bitte veranlassen, den Differenzbetrag auf meiner Kundenkarte gutzuschreiben. Oder Sie berechnen uns den Kies dafür nicht. Das geht doch in Ordnung?“
Ich:	„Ich weiß nicht.“
Herr Holz:	„Gut, dann ist alles klar.“
Ich:	„Ich sage Herrn Marx Bescheid.“
Herr Holz:	„O.K., alles klar!“
Ich:	„Auf Wiederhören.“

Deutsch für die Ausbildungs- und Berufsvorbereitung ISBN 978-3-582-55855-8

TELEFONNOTIZ

Datum des Anrufs		**Name** des Anrufers/**Tel.-Nr.**	
Zeitpunkt des Anrufs			
Betrifft:			

Anliegen: sehr dringend ◌ dringend ◌ zur Information ◌

Vereinbarung: Erledigung ◌ Weiterleitung ◌ Rückruf ◌

Unterschrift:

7 Das Telefongespräch ist nicht sehr gut verlaufen. Was könnten Sie in einem späteren Gespräch besser machen?

Schriftliche Mitteilungen – die E-Mail und der Brief

Briefe und E-Mails (elektronische Post) dienen ebenfalls der Übermittlung von Informationen. Durch sie können persönliche Mitteilungen übermittelt, aber auch geschäftliche oder behördliche Angelegenheiten geregelt werden.

1 Worin unterscheiden sich private von amtlichen Briefen? Benennen Sie die Unterschiede.

Privatpost	amtliche Schreiben
Briefpapier/Grußkarte/E-Mail/Chat	
	Briefkopf
	amtliche Angelegenheit
	Amtsdeutsch

2 In amtlichen Schreiben finden sich häufig schwer verständliche Formulierungen. Ordnen Sie den amtlichen Formulierungen die jeweiligen umgangssprachlichen zu.

- … Abhilfe schaffen …
- … zur Entlastung zurück …
- … Widerspruch einlegen …
- … bei anhaltendem Zahlungsverzug …
- Rechtsbehelfsbelehrung
- … diesbezüglich …
- … binnen drei Wochen …
- … kann geahndet werden …
- Mindestlaufzeit
- Widerrufsrecht

- schriftlich mitteilen, dass man einen Vorwurf/ein Urteil/eine Anweisung … nicht akzeptiert
- Wenn Sie weiterhin nicht zahlen, …
- Nicht mehr benötigte Unterlagen werden Ihnen zurückgeschickt.
- in dieser Angelegenheit
- etwas unverzüglich erledigen
- Hinweis, welche Möglichkeiten Sie haben, gegen den Inhalt dieses Schreibens zu protestieren
- Eine Strafe kann verhängt werden.
- innerhalb von drei Wochen
- das Recht haben, etwas schriftlich abzuweisen
- zeitliche Bindung an einen Vertrag

Deutsch für die Ausbildungs- und Berufsvorbereitung ISBN 978-3-582-55855-8

3 Briefe und E-Mails sind wesentlich verbindlicher als Telefonate und deshalb sinnvoller, um geschäftliche oder behördliche Angelegenheiten zu regeln. Kreuzen Sie an, welches Mittel Sie bei folgenden Angelegenheiten verwenden würden: „E“ für E-Mail oder „B“ für Brief.

B	E		B	E	
		Antrag stellen			sich bewerben
		einen Widerspruch einlegen			eine Zeitung/Zeitschrift kündigen
		Ware bestellen			einen Mietvertrag kündigen
		eine Fernreise buchen/stornieren			Prospektmaterial bestellen

4 Wenn Sie Briefe oder E-Mails schreiben, haben diese ein für Sie bedeutsames Anliegen. Sie sollten darauf achten, höfliche Formulierungen zu verwenden, denn oftmals führt Höflichkeit eher zum Erfolg. Finden Sie verschiedene höfliche Formulierungen für die rechts stehenden Anliegen.

Bitte teilen Sie mir mit, ob/wann ...

eine Information erfragen

Hilfe erbitten

etwas mitteilen wollen

5 Notieren Sie Verben (Tätigkeitswörter), die zu den in der ersten Spalte aufgeführten Substantiven passen.

einen Bericht/ eine Nachricht/ eine Information	verfassen, übermitteln, senden, erstellen, weiterleiten, schreiben, abfassen, erhalten, bekommen
ein Gespräch	
eine E-Mail	
eine Notiz	
einen Bescheid	
einen Anruf	
eine Auskunft	

Eine E-Mail verfassen

Heutzutage wird der meiste Schriftverkehr per E-Mail abgewickelt. E-Mails haben weitestgehend die Form eines Briefes. Einige formelle Aspekte sind jedoch vorgegeben:

Empfänger: Hier wird die E-Mail-Adresse des Empfängers eingetragen.
Cc: Verteiler bzw. Kopienempfänger; in diesem Feld können Sie die Adresse weiterer Empfänger eintragen. Sie werden in der Regel durch Semikolon getrennt.
BCC: Die Abkürzung steht für „blind carbon copy" (deutsch: Blindkopie). Keiner der Empfänger weiß, an wen die Mail via BCC noch versendet wurde.
Betreff: Hier fügen Sie Ihr Anliegen ein (eine kurz gefasste Inhaltsangabe der E-Mail).
Datum: Das Datum wird automatisch beim Versenden der Mail erstellt.

Eine E-Mail beginnt, wie jeder andere Brief auch, mit einer Anrede, die vom folgenden Haupttext durch eine Leerzeile getrennt wird. Nach dem Haupttext folgt dann eine Grußformel. Sie steht nach einer Leerzeile unter dem letzten Absatz des Haupttextes. Abschließend folgt die Absenderangabe, die aus dem vollen Namen oder der E-Mail-Adresse des Absenders besteht.

Eingang Ihrer Bewerbungsunterlagen

An: m.rauper-wumme@totaldomain.de

Kopie:

Betreff: Eingang Ihrer Bewerbungsunterlagen

Account: Monika Tüfek <m.tuefek@v-f-l-gmbh.de> Signatur: Keine

Sehr geehrte Frau Rauper-Wumme,

hiermit bestätigen wir den Eingang Ihrer Bewerbungsunterlagen.
Wir danken Ihnen für Ihr Interesse und werden uns in Kürze mit Ihnen in Verbindung setzen.

Mit freundlichen Grüßen

Vier-Farben-Lacke GmbH

i.V. Monika Tüfek

1 Verfassen Sie eine E-Mail zu einem der folgenden Anliegen.

- Sie möchten der Schule/dem Praktikumsbetrieb mitteilen, dass Sie krank sind.
- Sie haben seit einem Jahr hohe Schulden und wenden sich an eine Beratungsstelle mit der Bitte um Hilfe.
- Sie wollen sich um einen Praktikumsplatz bemühen, dazu benötigen Sie nähere Informationen.

An ... ______________________ ← E-Mail-Adresse des Empfängers

Cc ... ______________________ ← Verteiler

Betreff ______________________ ← Anliegen (kurz)

Sehr geehrte Damen und Herren, ← höfliche Anrede

______________________ ← **Merke:** Briefe und E-Mails sollten nach der Anrede nicht mit „ich" beginnen.

____

____

____

____

____

____

Mit freundlichen Grüßen ← Grußformel

______________________ ← „Unterschrift"

______________________ ← eigene Adresse, E-Mail-Adresse

2 In welchen Angelegenheiten ist das Versenden einer E-Mail nicht angemessen? Begründen Sie kurz Ihre Meinung.

____

____

____

____

Eine kurze Mitteilung verfassen

1 Setzen Sie die folgenden Textbausteine zu einem Entschuldigungsbrief zusammen. Achten Sie auf die Zeichensetzung sowie die Großschreibung zu Beginn eines Satzes.

Mit freundlichen Grüßen | nicht besuchen | *P. Sommer* | am | zu entschuldigen

wegen einer starken Erkältung | ich möchte Sie bitten | sein Fehlen | die Schule | mein Sohn

22.03.2021 | Entschuldigung | Lukas Sommer | Sehr geehrter Herr Haller, | Petra Sommer
Hasenweg 3
04205 Leipzig

21.03.2021 | konnte

Datum

Absender

Anliegen

Anrede

Text

Grußformel

Unterschrift

Deutsch für die Ausbildungs- und Berufsvorbereitung ISBN 978-3-582-55855-8

2 Für einen Satz gibt es immer verschiedene Formulierungsvarianten. Vervollständigen Sie folgende Sätze sinnvoll mit Hilfe der vorgeschlagenen Ergänzungen.

der Nahverkehr zum Erliegen kam und ich mich leider verspätet habe/ich mich fünf Minuten verspätet habe/ich habe verschlafen/aber leider habe ich mich verspätet/ich wegen des Wetters nicht pünktlich sein konnte/die Schule am 12.05.21 vorzeitig verlassen zu dürfen, um einen Termin im Amtsgericht wahrzunehmen.

1 Bitte entschuldigen Sie, dass ______________________________

2 Es tut mir leid, ______________________________

3 Bitte haben Sie Verständnis dafür, dass ______________________________

____

4 Bitte verzeihen Sie mir meine Verspätung, ______________________________

5 Straßen, Wege und Plätze sind tief verschneit, sodass ______________________________

____

6 Ich bitte Sie im Voraus um Ihr Einverständnis, ______________________________

____

3 Schreiben Sie eine kurze Nachricht an eine Freundin oder einen Freund, in dem Sie sich für den nächsten Tag verabreden. Teilen Sie in der Nachricht mit, wo Sie sich treffen wollen.

8 Sich eine Meinung bilden und Stellung beziehen

Eine eigene Meinung haben

Meinungsverschiedenheiten gibt es immer und überall. Man kann sich mit jemandem in einem Gespräch auseinandersetzen – oder sich sogar an einer Diskussion beteiligen, um die eigenen Interessen zu vertreten. Wichtig dabei ist, dass man seine Auffassung vernünftig und überzeugend ausdrücken und vertreten kann. Sich selbst aber eine Meinung zu bilden und diese dann auch angemessen vertreten zu können, das ist oft nicht einfach – dazu braucht man viel Übung!

1 Notieren Sie ganz spontan Ihre Meinung zu den folgenden Aussagen.

a Die beste Fußballmannschaft ist ______________________

b Die beste Fernsehsendung ist ______________________

c Der beste Film ist ______________________

d Das schönste Urlaubsziel ist ______________________

Warum ist es bei den Beispielen in Aufgabe 1 so einfach, eine eigene Meinung zu haben? Weil es sich um Fragen des eigenen „Geschmacks" handelt – also um subjektive Bewertungen. Und da man über Geschmack bekanntermaßen nicht streiten kann, ist hier auch eine Diskussion wenig sinnvoll. Bei den folgenden Themen wird es da schon schwieriger.

2 a Überlegen Sie, über welche Frage Sie mit Ihren Klassenkameradinnen und Klassenkameraden am ehesten sprechen möchten. Kreuzen Sie ein Thema, aber ruhig auch mehrere Themen an!

■ Ist ein Rauchverbot an Schulen wirklich sinnvoll?	◌
■ Sollten an unserer Schule Schuluniformen eingeführt werden?	◌
■ Sollte an der Schule Handyverbot herrschen?	◌
■ Ist es sinnvoll, den Führerschein mit 17 Jahren zu erhalten?	◌
■ Sollten Pausengespräche nur auf Deutsch stattfinden?	◌
■ Brauchen Schülerinnen und Schüler Benimmunterricht?	◌

b Notieren Sie weitere Streitfragen, die Ihnen spontan einfallen oder allgemein für Sie von Bedeutung sind.

____

____

____

Deutsch für die Ausbildungs- und Berufsvorbereitung ISBN 978-3-582-55855-8

3 a Bilden Sie in Ihrer Klasse kleine Gruppen.
b Einigen Sie sich in der Gruppe auf ein Thema und notieren Sie es.

Thema unserer Gruppe

____

____

c Formulieren Sie Ihre ganz eigene Meinung zu dem Sachverhalt.
d Überlegen Sie dann, mit welchem Argument Sie die anderen überzeugen wollen. Begründen Sie Ihre Meinung!

Meine eigene Meinung

____

____

So begründe ich meine Meinung

____

____

____

Dazu fällt mir noch ein

____

____

4 Füllen Sie den folgenden Bewertungsbogen aus.

Gruppenthema: ______________________________

In unserer Gruppe waren _____ meiner Meinung und _____ anderer Meinung.

Die beste Begründung für meine Meinung war: ______________________________

____

Die beste Begründung gegen meine Meinung war: ______________________________

____

Jemanden überzeugen – gute Argumente haben

Wenn man möchte, dass Freunde oder Mitschülerinnen und Mitschüler der eigenen Meinung zustimmen, sollte man versuchen, sie zu überzeugen. Wer aber andere überzeugen will, braucht dafür gute Argumente.

Gute Argumente:
überzeugen immer dann, wenn sie sich auf Tatsachen beziehen.
Tatsachen sind Sachverhalte, die
- man nachprüfen kann und/oder
- von anerkannten Fachleuten stammen.

Tatsachen sind meistens Sachverhalte,
- über die allgemeine Übereinstimmung herrscht und
- die unter bestimmten Bedingungen mit großer Wahrscheinlichkeit zutreffen.

Deshalb kann man für solche Fälle auch Gesetze, anerkannte Regelungen und Vereinbarungen aufstellen.

1 Betrachten Sie noch einmal in Ihrer Gruppe die Ergebnisse, die Sie auf der vorhergehenden Seite erarbeitet haben. Tauschen Sie innerhalb Ihrer Gruppe Ihre Argumente aus und notieren Sie ein Argument, das Sie besonders überzeugend finden.

Dieses Argument einer Mitschülerin/eines Mitschülers hat mich überzeugt:

___

___

Schlechte Argumente:
Weniger überzeugende Argumente sind zum Beispiel:
- Einzelfälle, die man verallgemeinert,
- ungeprüfte Urteile und Vorurteile,
- Parolen und Floskeln,
- Aussagen, die mit der Sache nichts zu tun haben.

2 a Betrachten Sie erneut in Ihrer Gruppe die Ergebnisse, die Sie auf der vorhergehenden Seite erarbeitet haben. Notieren Sie nun ein Argument, das Sie nicht überzeugend finden.

Dieses Argument einer Mitschülerin/eines Mitschülers hat mich nicht überzeugt:

___

___

b Begründen Sie, warum Sie dieses Argument nicht überzeugt.

___

___

3 **a** Entscheiden Sie, ob es sich bei den nachfolgenden Aussagen um überzeugende oder weniger überzeugende Aussagen handelt.
b Begründen Sie Ihre Meinung mit Hilfe der links aufgeführten Merkmale für gute und schlechte Argumente. Tragen Sie Ihr Ergebnis entsprechend ein.

Aussage:	Bewertung:
1. Beim Vorstellungsgespräch sollte man ordentlich gekleidet sein, weil der erste Eindruck wichtig ist.	überzeugend ◌ nicht überzeugend ◌
2. Man muss in der Metallwerkstatt Arbeitsschuhe tragen, weil dadurch die Gefahr schlimmer Fußverletzungen ausgeschlossen wird.	überzeugend ◌ nicht überzeugend ◌
3. Japanische Computer taugen nichts, denn ich habe dauernd Probleme mit meinem PC.	überzeugend ◌ nicht überzeugend ◌
4. Auszubildende müssen am Abend die Werkstatt fegen. Das war schließlich schon immer so.	überzeugend ◌ nicht überzeugend ◌
5. Drogen zerstören den Körper und die Psyche des Süchtigen. Deshalb müssen sie bekämpft werden.	überzeugend ◌ nicht überzeugend ◌
6. Eine Untersuchung hat gezeigt, dass immer mehr junge Mädchen früh anfangen zu rauchen.	überzeugend ◌ nicht überzeugend ◌
7. Nur „böse" Menschen bekommen Aids, weil das eine Strafe Gottes ist.	überzeugend ◌ nicht überzeugend ◌
8. Alle meine Freunde bekommen mehr Taschengeld als ich.	überzeugend ◌ nicht überzeugend ◌
9. Döner macht dicker als Pommes.	überzeugend ◌ nicht überzeugend ◌

Stellung beziehen

1 Um welches Problem geht es in der dargestellten Szene? Versuchen Sie, das Problem in eine Fragestellung umzuformulieren.

Es geht um die Frage, ob

____

____

____

____

2 Wie denken Sie selbst darüber? Formulieren Sie Ihre eigene Meinung.

____

____

____

____

____

Deutsch für die Ausbildungs- und Berufsvorbereitung ISBN 978-3-582-55855-8

3 a Lesen Sie die folgenden Äußerungen Jugendlicher. Kreuzen Sie an, ob Sie für (Pro) oder gegen (Contra) eine Bezahlung für die Hilfe im Haushalt sind.

b Notieren Sie kurz, wie die Jugendlichen ihre eigene Meinung begründen.

Ich lehne Geld für meine Mithilfe im Haushalt ab, weil ich es für selbstverständlich halte, meinen Eltern zu helfen. *Sven, 16 Jahre*

Ich bin sicher, dass ich meiner Mutter viel mehr helfen würde, wenn ich dafür Geld bekäme. *Melanie, 17 Jahre*

Für kleine Gefälligkeiten kann man doch kein Geld verlangen! Das gehört sich nicht. Wer sich so verhält, ist ein berechnender Egoist. *Tim, 17 Jahre*

Wenn Kinder immer Geld für ihre Mithilfe bekommen, gewöhnen sie sich daran und tun nichts mehr, ohne die Hand aufzuhalten. *Sengül, 21 Jahre*

Die meisten bekommen doch Taschengeld und das sollte für die Erfüllung kleinerer Wünsche reichen.
Arbeiten, wie z. B. Fensterputzen oder den Keller entrümpeln, sollten bezahlt werden, weil es sich um außergewöhnliche Arbeiten handelt. *Burhan, 16 Jahre*

In der Familie ist jeder auf den anderen angewiesen. Die Eltern arbeiten doch auch die ganze Woche und tun vieles für ihre Kinder. *Naomi, 18 Jahre*

	PRO	CONTRA	Begründung
Sven	◌	◌	Ich halte es für selbstverständlich, meinen Eltern zu helfen.
Melanie	◌	◌	
Tim	◌	◌	
Sengül	◌	◌	
Burhan	◌	◌	
Naomi	◌	◌	

9 Träumen, Wünschen – Ziele setzen und planen

Alle Menschen haben große und kleine, heimliche, stille und sehnsüchtige Wünsche. Unsere Wünsche zeigen uns zum Beispiel, wer und wie wir sein wollen. Wünsche haben eine Kraft, die wir nutzen können, um unser Leben zu gestalten.

Träume, Wünsche und Ziele von jugendlichen Helden in Romanen

Der Roman „XXS" von Kim Caspary ist in Tagebuchform geschrieben. Sophia (13) ist sportlich, hat viele Freunde und Interessen. Ihrem Tagebuch vertraut sie ihre geheimen Wünsche an. Sie schreibt auch über ihre Probleme mit ihren Eltern. Die Mutter ist alkoholkrank und der Vater, ein erfolgloser Journalist mit krimineller Nebenbeschäftigung, lässt seinen Frust an ihr aus. Sophia wird krank. Sie leidet an Magersucht. Nach einem Krankenhausaufenthalt muss sie zur Therapie in eine Klinik.

XXS (Auszug) von Kim Caspary

Sonntag 3. März
Mein Herz rast! Morgen ist es so weit. Ich habe alles schon gepackt. So wie ich zur Zeit aussehe, werden mich wohl alle in der Klinik hassen. Mein Haaransatz ist schon zirka einen Zentimeter lang rausgewachsen. Zum Kotzen sehe ich aus. So wenig wie heute habe ich noch nie gewogen. 38,9 Kilogramm. Das ist ein richtiger Erfolg, obwohl es mir irgendwie gar keinen Spaß mehr macht, abzunehmen. Ich kann mich kaum noch bewegen, und immer wenn ich aufstehe, wird mir schwarz vor Augen, und ich kippe fast um. Das Einzige, was ich zu mir genommen habe, seit ich nicht mehr im Krankenhaus bin, sind fünf Tomaten und zirka sechs Kannen Kaffee. Wenn ich könnte, würde ich jetzt ganz furchtbar viel essen. Pizza, Torte, Schokopudding … Aber es geht ja nicht. Ich darf meinen Erfolg nicht gleich wieder zerstören!

1 Unterstreichen Sie im Romanauszug die Stellen, in denen Sophias Aussehen beschrieben wird.

2 Können Sie den folgenden Aussagen zustimmen? Begründen Sie Ihre Meinung kurz.

Sophia hat Angst vor der Therapie. Ja ◯, nein ◯, weil ____________________

____

Sie ist stolz auf sich und zufrieden. Ja ◯, nein ◯, weil ____________________

____

3 Notieren Sie, welche Wünsche und Ziele sich möglicherweise hinter dem Verhalten von Sophia und ihrer Krankheit verbergen.

____

 Deutsch für die Ausbildungs- und Berufsvorbereitung ISBN 978-3-582-55855-8

Im Roman von Claudine Muno erzählt ein Vater die Geschichte seiner Tochter Sara. Er hat sie nie wirklich gekannt, da er die Familie verlassen hat, als Sara drei Jahre alt war. Die Lebenswege verschiedener Figuren kreuzen sich immer wieder, bis sie schließlich auf tragische Weise miteinander verbunden bleiben.

Träume, aus denen man zu spät aufwacht (Auszug)

von Claudine Muno

Hannahs Verband war schon seit drei Tagen ab. Eine Narbe lief von ihrer Stirn über ihre Wangen und eine über ihr Kinn bis zu ihrem Mundwinkel. Für Sara hatte sie sich nicht verändert, vielleicht war sie sogar nur noch schöner geworden. Wie eine zerbrochene Vase, die man im letzten Moment noch gerettet und in Kleinarbeit wieder zusammengeflickt hatte. Als sie länger darüber nachdachte, fiel ihr ein, dass es nicht die Narben waren, die sie schön machten, sondern die Art, wie sie damit umging.

Noël sah die ganze Sache etwas anders. Er hätte heulen können. Hannahs Gesicht war ruiniert, das schönste Gesicht, das er je gesehen hatte. Er tat sich fast noch mehr leid als ihm Hannah leid tat. Wäre er in ihrer Situation gewesen, hätte er sich auf der Stelle erhängt oder etwas Ähnliches. Nicht aber Hannah. Es schien ihr nicht wichtig zu sein. Sie sagte, sie sei ja schließlich kein Model, und ihr Chef würde sie schon nicht rausschmeißen, bloß weil sie ein paar Narben im Gesicht hatte. Wahrscheinlich würde er endlich nicht mehr krampfhaft versuchen, sich an sie heran zu machen.

1 Unterstreichen Sie im Romanauszug die Namen der Personen, die erwähnt werden.

2 Notieren Sie in der Tabelle, welche Eigenschaften (Aussehen und Charakter) die Personen haben.

Personen	Eigenschaften (Aussehen, Charakter)

3 Halten Sie Sara für eine gute Freundin? Begründen Sie Ihre Meinung.

4 Formulieren Sie einen Wunsch aus der Perspektive einer der Romanfiguren.

Meine Wünsche und Träume

> Im Traum ist alles möglich ...
> Stellen Sie sich vor, Sie hätten drei Wünsche frei oder einen Zauberstab.
> Stellen Sie sich vor, Sie hätten alle Zeit der Welt, unbegrenzt viel Geld, grenzenlose Energien (Kraft, Ausdauer) oder viele Menschen an Ihrer Seite (Freunde, Partner, Mitstreiter, eine Gemeinschaft).
> Stellen Sie sich vor, Sie könnten sich in jeden beliebigen anderen Menschen verwandeln – und hätten dessen besondere Fähigkeiten und Möglichkeiten.

1 Formulieren Sie Ihre eigenen Wünsche und Träume. Vervollständigen Sie folgenden Lückentext.

Ich möchte gern ______________________________

______________________________ besitzen. (Dinge)

Ich wünsche mir ______________________________

____

______________________________ kennenzulernen. (Personen, Städte, Länder)

Es wäre toll, so wie ______________________________ zu sein. (Vorbild)

Außerdem will ich ______________________________

______________________________ sein. (Eigenschaften)

und ______________________________ können. (Fähigkeiten)

Ich würde mich freuen, wenn ich ______________________________

______________________________ machen könnte. (Vorhaben)

Ich wünschte ______________________________ zu erleben. (Erlebnis)

2 Unterstreichen Sie in Aufgabe 1 die Formulierungen, die verwendet werden, um Wünsche oder Absichten auszudrücken. Notieren Sie weitere.

Ich hätte gern, ______________________________

____

3 Schreiben Sie drei Dinge auf, die Ihnen in Ihrem Leben besonders wichtig sind.

____

____

Deutsch für die Ausbildungs- und Berufsvorbereitung ISBN 978-3-582-55855-8

4 Zu verschiedenen Anlässen übermitteln wir anderen Menschen (der Familie, Freunden, Bekannten) unsere Wünsche und Grüße. Ordnen Sie den vorgegebenen Anlässen passende Wünsche zu. Finden Sie eigenständig geeignete Formulierungen. Die Wörterkästen A und B können Ihnen hierbei helfen.

Anlässe	Wünsche
Krankheit	gute Besserung, viel Ruhe, baldige Genesung, angenehmen Besuch
Hochzeit	
Geburtstag	
Prüfung	
Weihnachten	
Neujahr	
Urlaub	
Ostern	
Tod	

Wörterkasten A:
Gesundheit, Freude, Besserung, Beileid, Glück, Erfolg, Besinnlichkeit, Spaß, Gelingen, Erlebnisse, Wetter, Zuversicht, Erholung, Sonnenschein, Freunde, Mut, Nerven, Ausdauer, Ruhe, Frieden, Besuch, Party, Fest, Zeit

Wörterkasten B:
etwas, mehr, viel, alles
manchmal, von Zeit zu Zeit, häufig, oft, meistens, immer, stets, allzeit, bald, wieder,
gut, besser, toll, froh, angenehm, grandios, prima, schön, wunderschön, großartig, gigantisch
herzlich

5 Formulieren Sie den Text für eine Postkarte, die Sie zu einem bestimmten Anlass verschicken könnten. Überlegen Sie sich eine passende Anrede.

Ziele setzen und erreichen

Damit sich die eigenen Wünsche erfüllen können, ist es wichtig, sich Ziele zu setzen. Dies machen wir teilweise unbewusst. Es ist jedoch besser, sich seiner Ziele bewusst zu sein.
Dabei hat jeder seine ganz eigenen Ziele und Wünsche. Sie beziehen sich auf ganz unterschiedliche Bereiche des Lebens.

Sebastian habe ich lange nicht mehr gesehen. Meine Bewerbungsunterlagen habe ich noch nicht abgeschickt. Beim Training war ich auch schon einige Zeit nicht mehr. Ich bin einfach zu träge, man könnte auch sagen faul. Ich hab mich in Mandy verliebt. Ich hab immer noch Zahnschmerzen. Autoschlosser ist mein Traumberuf. Wenn ich viel Geld hätte, würde ich mir ein Auto kaufen und eine eigene Wohnung einrichten. Egal, Hauptsache Mandy und ich sind glücklich.

1 Welche Ziele könnte sich Ben setzen? Ordnen Sie diese den Bereichen in der Übersicht zu.

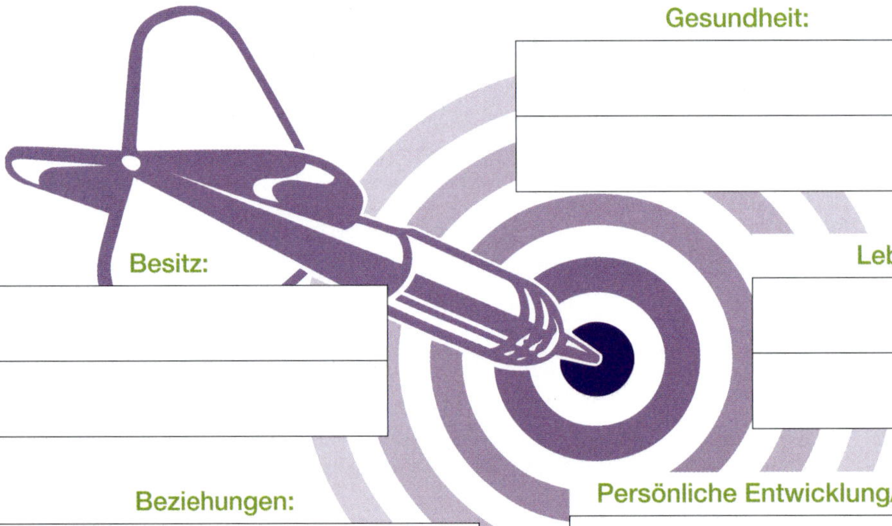

Gesundheit:

Besitz:

Lebenssinn:

Beziehungen:

Persönliche Entwicklung/Eigenschaften:

2 Lesen Sie den nebenstehenden Sinnspruch. Was bedeutet er?

„Wer vom Ziel nicht weiß, kann den Weg nicht finden." Christian Morgenstern

Deutsch für die Ausbildungs- und Berufsvorbereitung ISBN 978-3-582-55855-8

3 Schreiben Sie auf, was Sie in Ihrem Leben in den angegebenen Zeiträumen unbedingt erreichen, gewinnen oder verwirklichen wollen.

heute

in 6 Monaten

in einem Jahr

in zehn Jahren

4 Was möchten Sie auf keinen Fall? Notieren Sie dies ebenfalls.

5 Vom Traum bis zu seiner Erfüllung ist es meistens ein weiter Weg. Ordnen Sie die folgenden Begriffe diesem Weg zu.

HANDELN/REALISIEREN ■ WÜNSCHEN ■ PLANEN ■ PRÜFEN ■ KORRIGIEREN ■ ZIELE FORMULIEREN

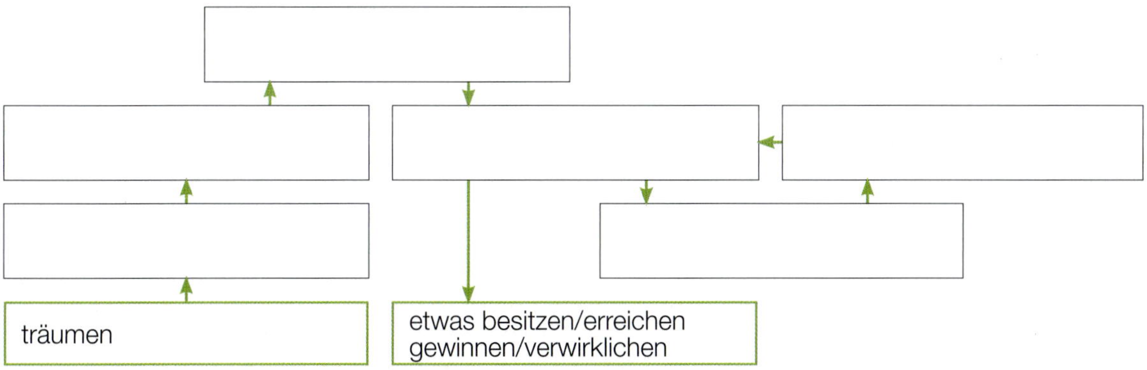

Deutsch für die Ausbildungs- und Berufsvorbereitung ISBN 978-3-582-55855-8

Die Zeit

Was ist Zeit? Diese Frage gehört zu den ältesten Fragen der Menschheit überhaupt. Um eine treffende Beschreibung bemühen sich Philosophen, Physiker, Sprachwissenschaftler usw. bis heute. Zeit ist ein Phänomen – etwas Unerklärbares, Unfassbares. Das drückt sich auch in den unterschiedlichsten Redewendungen und Sprichwörtern rund um den Begriff Zeit aus.

1 Schreiben Sie auf, welche Redewendung durch das nebenstehende Bild dargestellt wird. Was bedeutet sie?

____

____

2 Notieren Sie, was folgende Formulierungen für Sie bedeuten und erklären Sie dies in eigenen Worten.

Die Zeit ist um. Ein bestimmter oder unbestimmter Zeitraum ist vergangen, z.B. Arbeitszeit, Prüfungszeit, Lebenszeit

Die Zeit ist reif. _______________

Die Zeit steht still. _______________

Die Zeit ist gekommen. _______________

Zeit ist Leben. _______________

Die Zeit vergeht wie im Flug. _______________

Die Zeit heilt alle Wunden. _______________

Ich habe keine Zeit. _______________

Ich habe eine gute/schlechte Zeit. _______________

3 Notieren Sie weitere Formulierungen, die das Wort Zeit beinhalten.

____

____

____

____

Deutsch für die Ausbildungs- und Berufsvorbereitung ISBN 978-3-582-55855-8

4 Zeit-ABC: Notieren Sie hinter jedem Buchstaben mindestens ein Wort, das Sie mit dem Thema Zeit in Verbindung bringen.

A	Anfang, anfangen, August, Augenblick, alt, April, abends	N	
B		O	
C		P	
D		Q	
E		R	
F		S	
G		T	
H		U	
I		V	
J		W	
K		X	
L		Y	
M		Z	

5 Markieren Sie in der linken Spalte alle Buchstaben, die in Ihrem Vornamen vorkommen, und formulieren Sie aus den daneben stehenden Begriffen einen erfundenen Wetterbericht.

Zeitformen

> Wir unterscheiden drei Zeitstufen: Vergangenheit, Gegenwart und Zukunft. In der Sprache wird durch die Verwendung verschiedener Zeitformen gekennzeichnet, wann sich etwas ereignet hat.

Vergangenheit:

Die **Vergangenheit** (Präteritum) ist die Zeitform, die verwendet wird, um über etwas Vergangenes zu berichten, z. B. in einem Bericht oder in einer Erzählung.

Beispiele: Gestern **stellte** ich die Blumen in die Vase. Ich **lief** zur Bahn.

Die **vollendete Gegenwart** (Perfekt) ist die Zeitform, die auch eingesetzt wird, um etwas Vergangenes und Abgeschlossenes auszudrücken, was für die Gegenwart noch Bedeutung hat.

Beispiele: Ich **habe** die Blumen in die Vase **gestellt**, dort stehen sie noch. Ich **bin** zur Bahn **gelaufen**.

Die **vollendete Vergangenheit** (Plusquamperfekt) drückt aus, dass etwas in der Vergangenheit bereits abgeschlossen ist.

Beispiele: Bevor ich die Blumen in die Vase stellte, **hatte** ich die Vase mit Wasser **gefüllt**.
Ich **war** zur Bahn **gelaufen**.

Deutsch für die Ausbildungs- und Berufsvorbereitung ISBN 978-3-582-55855-8

Gegenwart:

Mit der **Gegenwart** (Präsens) wird ausgedrückt, dass sich etwas jetzt ereignet.

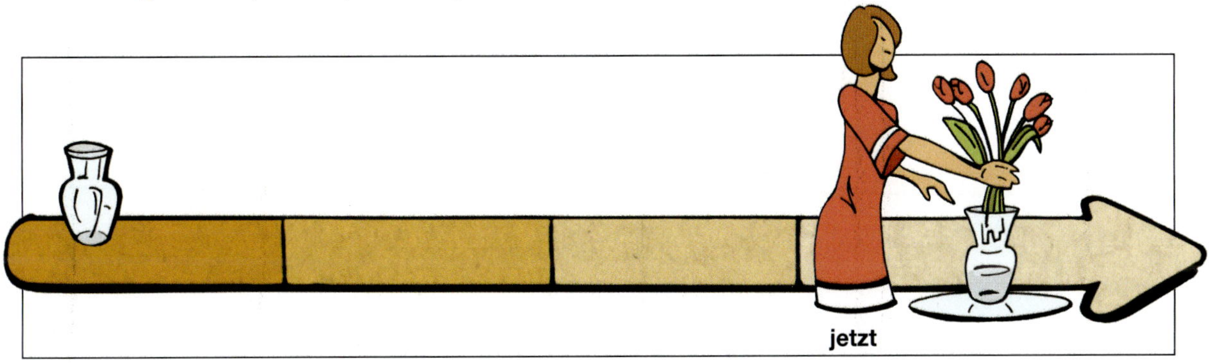

Beispiele: Ich **stelle** die Blumen in die Vase. Ich **laufe** zur Bahn.

Zukunft:

Die **Zukunft** (Futur I) drückt aus, dass etwas in der Zukunft stattfindet.

Beispiele: Morgen werde ich die Blumen in die Vase **stellen**. Ich **werde** zur Bahn **laufen**.

Die **vollendete Zukunft** (Futur II) drückt aus, dass eine Handlung in der Zukunft abgeschlossen ist.

Beispiele: Wenn die Freunde kommen, **werde** ich die Blumen in die Vase **gestellt haben**.
Ich **werde** zur Bahn **gelaufen sein**.

1 Bilden Sie aus den rechts aufgeführten Wortgruppen jeweils 2 Sätze in verschiedenen Zeitformen.

Vergangenheit

____

____

____

____

Gegenwart

____

____

____

____

Zukunft

____

____

____

____

Klamotten kaufen
Fußball spielen
Auto fahren
zum Friseur gehen
in die Disco gehen
Freunde treffen
Eis essen
Konzert besuchen
Ferien haben
Bewerbungen schreiben
Zeitungen austragen
Musik hören
Streit haben

2 Setzen Sie in folgenden Sätzen die Verben in der richtigen Zeitform ein.

Sandra ______________ (kaufen) sich gestern eine neue Jeans. **(Vergangenheit)**

Alina ______________ (überlegen), ob sie morgen Zeit haben wird. **(Gegenwart)**

„Werden Sie heute Abend auftreten?" – „Ja, ich ______________ (singen)." **(Zukunft)**

3 Formulieren Sie ein Horoskop für das Sternzeichen einer Mitschülerin bzw. eines Mitschülers. Treffen Sie Aussagen über Gesundheit, Freundschaft/Liebe, Glück, Gefahren. Formulieren Sie mindestens vier Sätze und überlegen Sie gut, welche Zeitform am günstigsten ist.

____

____

____

____

____

Deutsch für die Ausbildungs- und Berufsvorbereitung ISBN 978-3-582-55855-8

4 Bestimmen Sie mithilfe der Übersicht auf den Seiten 80 bis 81 die Zeitform in den folgenden Sätzen.

- Ich habe die Überschrift gelesen. ______________________
- Sie hatte das Buch bereits gelesen. ______________________
- Sie wird die 200 m schneller schwimmen. ______________________
- Er lief die ganze Strecke zu Fuß. ______________________
- Wir gehen im Park spazieren. ______________________
- Ihr werdet schon sehen. ______________________
- Sie werden das Eis bis dahin aufgegessen haben. ______________________

5 Bilden Sie nun jeweils einen eigenen Satz in der jeweiligen Zeitform.

Vergangenheit (Präteritum)	
vollendete Vergangenheit (Plusquamperfekt)	
Gegenwart (Präsens)	
vollendete Gegenwart (Perfekt)	
Zukunft (Futur I)	
vollendete Zukunft (Futur II)	

Die Zeit einteilen und planen

Ich komme mit meiner Zeit nicht klar. Meistens komme ich um 14:30 Uhr aus der Ausbildungsvorbereitung. Dann bin ich total müde und will Musik hören oder schlafen. Gegessen habe ich auch noch nicht. Wenn ich meine Aufgaben nicht schaffe, habe ich Ärger mit meiner Mutter und darf nicht mit Ronny ins Kino.

Jekaterina (18)

Hausaufgaben in Mathe (30 Minuten)
Oma zum Geburtstag gratulieren
Schreibblock für die Schule kaufen
20:30 Uhr Kino mit Ronny
Hund ausführen (20 Minuten)
Alexandra wegen Party am Wochenende anrufen
Blumen gießen
16:00–17:00 Uhr Training
Zahnarzttermin vereinbaren
von 18:30–19:00 gibt es Abendessen
E-Mails lesen und beantworten
Geschirrspüler ausräumen
Schuhe kaufen
Fotos abholen

1 a Erstellen Sie einen Tagesplan für Jekaterina, der Ihre Interessen und Pflichten berücksichtigt.
b Notieren Sie, was Jekaterina Ihrer Meinung nach verschieben muss.

15 DONNERSTAG	
14:00	
14:30	
15:00	
15:30	
16:00	
16:30	
17:00	
17:30	
18:00	
18:30	
19:00	
19:30	
20:00	
20:30	
21:00	
21:30	
22:00	
Was bleibt heute unerledigt?	

2 Planen Sie für sich ein interessantes, erlebnisreiches Traumwochenende. Nehmen Sie folgende Kalenderseiten zu Hilfe.

19 SAMSTAG	
10:00	
11:00	
12:00	
13:00	
14:00	
15:00	
16:00	
17:00	
18:00	
19:00	
20:00	
21:00	
22:00	
23:00	

20 SONNTAG	
10:00	
11:00	
12:00	
13:00	
14:00	
15:00	
16:00	
17:00	
18:00	
19:00	
20:00	
21:00	
22:00	
23:00	

3 Beschreiben Sie den Verlauf von einem der beiden Tage im Rückblick (Vergangenheit) oder als bevorstehendes Ereignis (Zukunft). Verwenden Sie dabei die Verhältniswörter (Präpositionen) des Wörterkastens im richtigen Fall. Schreiben Sie in vollständigen Sätzen.

Die folgenden Verhältniswörter (Präpositionen) werden verwendet, um zeitliche Zusammenhänge darzustellen: während, seit, zwischen, vor, bis zu, an, in, aus, mit, gegen, bis, für, um.

Deutsch für die Ausbildungs- und Berufsvorbereitung ISBN 978-3-582-55855-8

„Es ist nicht wenig Zeit, die wir haben. Es ist viel Zeit, die wir nicht nutzen."

Seneca (ungefähr 1–65 nach Christi Geburt), römischer Philosoph

4 Überlegen Sie, wann man davon spricht, dass man die Zeit nicht nutzen oder sie „verlieren" würde. Nennen Sie dafür zwei Beispiele.

5 Finden Sie weitere Worte mit gleicher Bedeutung: die Zeit nicht nutzen – Zeit verlieren.

6 Lesen Sie das folgende Gedicht aufmerksam durch. Markieren Sie die Stellen, die die Dinge benennen, für die viele sich oft wenig oder keine Zeit mehr nehmen.

Ich wünsche dir Zeit (Auszug)
Gedicht von Elli Michler

Ich wünsche dir
nicht alle möglichen Gaben.
Ich wünsche dir nur,
was die meisten nicht haben:
Ich wünsche dir Zeit, dich zu freun und zu lachen,
und wenn du sie nützt, kannst du etwas draus machen.

Ich wünsche dir Zeit für dein Tun und dein Denken,
nicht nur für dich selbst, sondern auch zum Verschenken.
Ich wünsche dir Zeit, nicht zum Hasten und Rennen,
sondern die Zeit zum Zufriedenseinkönnen.

Ich wünsche dir Zeit, nicht nur so zum Vertreiben.
Ich wünsche, sie möge dir übrig bleiben
als Zeit für das Staunen und Zeit für Vertraun,
anstatt nach der Zeit auf der Uhr nur zu schaun.

Ich wünsche dir Zeit, nach den Sternen zu greifen,
und Zeit, um zu wachsen, das heißt, um zu reifen.
Ich wünsche dir Zeit, neu zu hoffen, zu lieben.
Es hat keinen Sinn, diese Zeit zu verschieben.

Ich wünsche dir Zeit, zu dir selber zu finden,
jeden Tag, jede Stunde als Glück zu empfinden.
Ich wünsche dir Zeit, auch um Schuld zu vergeben.
Ich wünsche dir: Zeit zu haben zum Leben!

7 Fügen Sie dem Gedicht eine weitere Strophe hinzu. Beginnen Sie so:
Ich wünsche mir Zeit

Planen mit dem Internet – gezieltes Suchen (recherchieren)

Das Internet bietet die Möglichkeit, auf bequeme Art und Weise in kurzer Zeit Informationen gezielt zu suchen oder zu übermitteln.

1 Sie wollen mit einem Freund oder einer Freundin ins Kino. Finden Sie heraus, welchen Film man Freitagabend sehen könnte, wann er beginnt, in welchem Kino er läuft und was die Karte kostet.

Film/Filme:	Name des Kinos:	Uhrzeit:	Preis:

2 Sie möchten einen Karatekurs belegen. Suchen Sie ein Angebot in Ihrer Nähe.

Ort:	Uhrzeit:	Preis:

3 Ihre Großeltern suchen eine kleine, preiswerte Wohnung in Ihrer Nähe. Finden Sie ein passendes Angebot.

		Bemerkungen
Ort		
Straße		
Lage		
Zimmer		
Quadratmeter		
Ausstattung		
Mietpreis (kalt)		
Nebenkosten (warm)		
Kontaktadresse/ Telefonnummer		

Deutsch für die Ausbildungs- und Berufsvorbereitung ISBN 978-3-582-55855-8

4 Gruppenarbeit: Sie möchten in den Ferien eine Woche zelten. Planen Sie diese Woche.
   a Formulieren Sie zunächst Fragestellungen, die Sie im Hinblick auf diesen Urlaub klären müssen. Berücksichtigen Sie dabei: Personenzahl, Zeitraum, Ort, Anreise, Anschaffungen/Besorgungen, Nebenkosten.
   b Suchen Sie ein passendes Angebot.
   c Präsentieren Sie Ihre Planung vor der Klasse. Stellen Sie das Reiseziel anschaulich vor (Lage, Freizeitmöglichkeiten usw.).

Fragestellungen	Antworten	Bemerkungen

Unser Reiseziel:

10 Eine (Traum-)Reise planen

Sich für eine Gegend entscheiden

Viele Menschen möchten mindestens einmal im Jahr zur Erholung verreisen. So eine Urlaubsreise muss gut geplant werden. Wollen mehrere Personen zusammen reisen, müssen sie sich zuerst auf eine Urlaubsgegend einigen.
Zunächst müssen grundlegende Fragen geklärt werden.
Möchten Sie im Sommer

- aufs Land oder in eine Stadt,
- in die Berge oder an das Meer,
- in den Norden oder in den Süden,
- in Deutschland bleiben oder ins Ausland fahren?

1 Schreiben Sie Ihre Entscheidung in Sätzen auf.

Ich möchte ______________________________

____

2 Begründen Sie kurz Ihre Entscheidung.

____

____

Einen Urlaubsort auswählen

Als Nächstes müssen Sie sich entscheiden, in welche Region Sie reisen wollen. Um Ihre Entscheidung zu erleichtern, sollten Sie im Reisekatalog die Informationen über die Urlaubsziele lesen. Im Folgenden finden Sie Beispiele für diese Informationen.

ALGARVE
Die Algarve ist die südlichste Provinz Portugals am Atlantik. Sie hat eine der schönsten und eigenwilligsten Küsten Europas. Man findet hier ungewöhnliche Felsformationen, kleine verschwiegene Buchten, endlose Sandstrände, malerische Fischerdörfer und ein unberührtes Hinterland mit Pinienwäldern, Olivenhainen und einem reizvollen Gebirge.
Der Ort Carvoeiro liegt sehr malerisch an einer schmalen, in die Steilküsten eingebetteten Sandbucht. Die kleinen Gassen des Ortes mit ihren Geschäften laden zum Bummeln und Shoppen ein. Für einfache Unterhaltung und gutes landestypisches Essen und Trinken ist hier gesorgt.

MALLORCA
Auf Mallorca findet man schnell seinen Lieblingsplatz. Schlendern entlang der Hafenpromenade von Palma oder ein Spaziergang durch die wundervolle Altstadt Palmas, die Ausblicke von den Gipfeln der Gebirge im Norden und Westen, die Inselmitte mit ihren Dörfern erkunden oder einfach die langen Strände im Süden und die einsamen Buchten der Ostküste genießen, Mallorca bietet für jeden Besucher eine eigene Attraktion.
Die Inselhauptstadt Palma de Mallorca bezaubert durch die südliche Lebensart ihrer Bewohner und die großstädtische Atmosphäre. Die historische Altstadt beeindruckt durch ihre Kathedrale und die wundervollen kleinen Gassen. Man kann an der Hafenpromenade spazieren, eines der vielen Museen besuchen und in den traditionsreichen Restaurants und Tapas-Bars schlemmen. Der Flughafen liegt ca. 10 km entfernt.

Deutsch für die Ausbildungs- und Berufsvorbereitung ISBN 978-3-582-55855-8

1 Lesen Sie aufmerksam die Beschreibungen. Notieren Sie in Stichpunkten die Vorzüge Carvoeiros und Palma de Mallorcas.

Vorzüge Carvoeiros	**Vorzüge Palma de Mallorcas**

2 Welche Nachteile sehen Sie bei den dargestellten Urlaubszielen? Notieren Sie.

Nachteile Carvoeiros:

Nachteile Palma de Mallorcas:

3 Welches Ziel von beiden würden Sie sich auswählen? Begründen Sie kurz Ihre Entscheidung.

Hotelangaben vergleichen

Wenn Sie sich für einen Ferienort entschieden haben, sollten Sie verschiedene Hotelangaben vergleichen, bevor Sie sich für ein Hotel entscheiden.

Hotel Cittador*** — PALMA DE MALLORCA

87 Zimmer, Swimmingpool

Lage: zentral, direkt an der Uferpromenade/-straße und am Hafen, zum historischen Zentrum und zur Kathedrale ca. 1 km. Geschäfte, Restaurants und Bars in unmittelbarer Umgebung. Taxi-/Linienbushaltestelle am Hotel. Zum Strand von Illetas ca. 4 km.

Hotel: gemütlich-rustikales Haus mit familiärer, freundlicher Atmosphäre, schöner Blick auf Hafen und Kathedrale. Frühstücksraum mit Panoramaterrasse, Restaurant (HP = Frühstücksbüffet, 3-Gang-Abendmenü mit 1 Flasche Wasser, 1 Flasche Wein oder 1 Bier oder 1 Softdrink inklusive), Bar, Cafeteria, Salon, Lift, öffentlich parken.

Zimmer: familiär mit Bad oder Dusche/WC, Föhn, Telefon, Sat.-TV (2 deutschsprachige Programme), Radio, Minibar, Mietsafe, Klimaanlage/Heizung (je nach Saison), Balkon, seitlicher Meerblick. Kat. A mit frontalem Meerblick. EZ = DZ zur Alleinbenutzung.

Sport: Panoramadachterrasse mit kleinem Swimmingpool (5 x 2 m), im Hotel Armadams (ca. 30 m) Hallenbad, Dampfbad, Sauna inklusive.

A = 01.04. – 13.04. 17.04. – 30.04.	B =14.04. – 16.04.	C = 01.05 – 25.07. 26.08. – 31.10.	D = 26.07. – 25.08.

Preis pro Person/Nacht in EUR (H)

Unterbr		Bel.	A So-Do	A Fr-Sa	B So-Do	B Fr-Sa	C So-Do	C Fr-Sa	D So-Do	D Fr-Sa
DJMG	DZ/BoD/WC/Bk/M/ÜF	2-3	76	70	76	75	83	76	92	86
DJAG	DZ/Kat. A/ÜF	2-3	92	85	92	91	101	93	113	104
EJMG	EZ/BoD/WC/Bk/ÜF	1	116	106	117	115	123	113	133	122

Halbpension (H): + EUR 25. An-/Abreise: täglich. Mindestaufenthalt: 1 Nacht.
Ermäßigung im Zusatzbett: bis 1 Jahr 100%, von 2-12 Jahren 50%, ab 13 Jahre 20%. Hund: nicht erlaubt.

Hotel Playa Superiore*** — PALMA DE MALLORCA-CALA MAYOR

143 Zimmer, Swimmingpool

Lage: ruhig, direkt leicht oberhalb eines schönen, breiten Sandstrandes, ca. 150 m zum Zentrum von Cala Mayor und zur Linienbushaltestelle, ca. 5 km ins historische Zentrum von Palma. Restaurants, Bars, Geschäfte in unmittelbarer Nähe.

Hotel: modern-zweckmäßiges, gut geführtes Haus (Landeskategorie 4 Sterne) für erholsame Urlaubstage in der Nähe der Stadt und gleichzeitig am schönen Strand, 6 Etagen. Lobby, Restaurant (HP = Frühstücks- und Abendbuffet), Bar mit Snacks und Terrasse, öffentlicher Parkplatz ca. 200 m (am Hotel nur An- und Abfahrt möglich).

Zimmer: zweckmäßig-geräumig, ca. 20 qm, mit Bad oder Dusche, separates WC, Telefon, Sat-TV (ca. 2 deutschspr. Progr.), Kühlschrank, Mietsafe, Klimaanlage/Heizung (je nach Saison), Balkon, Meerblick. EZ = DZ zur Alleinbenutzung.

Sport, Unterhaltung: Swimmingpool (20 x 8 m, ca. 1.11. bis 30.4. überdacht, geschlossen und beheizt), Sonnenterrasse mit Liegen und Sonnenschirmen, Boccia, Dart inklusive. Gegen Gebühr: am Strand Liegestühle und Sonnenschirme. Zeitweise Gästeprogramm.

A = 01.04. – 31.05. 01.10. – 31.10.	B =01.06. – 30.06. 01.09. – 30.09.	C = 01.07 – 31.08.

Preis pro Person/Nacht in EUR (H)

Unterbr		Belegung	A	B	C
DJ5G	DZ/BoD/WC/Bk/M/ÜF	2-3	56	69	83
DJMG	DZ/BoD/WC/Bk/M/ÜF	2-3	58	72	86
EJMG	EZ/BoD/WC/Bk/M/ÜF	1	81	95	108

Halbpension (H): + EUR 6. An-/Abreise: täglich. Mindestaufenthalt: 1 Nacht, 3 Nächte vom 14.04. bis 17.04. und 15.07. bis 16.09., im DJ5 immer 5 Nächte. Ermäßigung im Zusatzbett: bis 1 Jahr 100%, von 2-12 Jahren 50%, ab 13 Jahre 20%. Hund: nicht erlaubt.

Deutsch für die Ausbildungs- und Berufsvorbereitung ISBN 978-3-582-55855-8

Die Abkürzungen bedeuten:
ca. = circa, ungefähr
qm = Quadratmeter
HP = Halbpension, zwei Mahlzeiten am Tag sind im Preis inbegriffen
Sat-TV = Satellitenfernsehen [meist sind auch deutsche Programme zu empfangen]
EZ = Einzelzimmer
DZ = Doppelzimmer
ÜF = Übernachtung und Frühstück
BoD = Bad oder Dusche
M = Meerblick
Bk = Balkon

1 Lesen Sie die beiden Hotelbeschreibungen auf der linken Seite aufmerksam durch.

2 Füllen Sie die folgende Tabelle aus.

	Hotel Playa Superiore	Hotel Cittador
Größe des Zimmers		
Balkon und Blick		
Sportmöglichkeiten		
Anzahl der Zimmer		
Parkplatz		
Entfernung zum Zentrum Palmas		
Entfernung zum Strand		
Preis pro Person und Nacht für ein einfa-ches Doppelzimmer in der Zeit C/D [Hauptreisezeit]		

3 Vergleichen Sie die Angaben zu den Hotels. Notieren Sie, für welches Hotel Sie sich entscheiden würden. Begründen Sie kurz Ihre Entscheidung.

Die Geheimsprache in Reisekatalogen verstehen

Vor dem Buchen einer Reise sollte man die Angebote sorgsam lesen. Denn die Beschreibung von Unterkünften und Reisestrecken in Urlaubskatalogen ist oft in einer Art Geheimsprache geschrieben. Diese Geheimsprache verspricht einerseits dem Kunden einen schönen Urlaub, andererseits aber sichert sie den Veranstalter ab, dass so wegen fehlender oder falscher Angaben eine Minderung des Reisepreises für den Kunden nicht möglich ist.
Jeder Urlauber sollte nach dem Lesen des Prospektes wissen, was ihn erwartet. Kann man die Geheimsprache verstehen, erspart man sich viel Ärger. Die folgende Tabelle zeigt Ihnen einige Beispiele.

Formulierung	Bedeutung
Lage des Hotels:	
Mietwagen empfohlen/Idylle in ruhiger Lage/ idyllisch gelegen	Das Hotel liegt wahrscheinlich weit außerhalb des Ortes. Hier kann es zu ruhig sein.
Uferstraße/direkt an der Strandpromenade	Hier wird es abends oft laut.
touristisch gut erschlossen/verkehrsgünstige Lage/zentral gelegenes Hotel	Man muss mit viel Autolärm, Rummel und vielen Hotels am Ort rechnen.
Nähe Flughafen/Transfer zum Flughafen nur 10 Minuten	Die sehr kurze Fahrzeit bis zum Flughafen bedeutet auch ständigen Fluglärm.
nur 5 Minuten zum Strand	Es ist unklar, ob man 5 Minuten zu Fuß läuft oder mit dem Bus fährt.
Hotel strandnah gelegen	Das Hotel ist irgendwo, aber nicht direkt am Strand.
lebhafter Ort	Der Ort ist laut.
strandnahe Lage	Das Hotel liegt nicht direkt am Strand.
direkt am Meer gelegen	Diese Formulierung heißt nicht, dass das Hotel direkt am Strand liegt. Es kann ein Hinweis sein, dass einfach kein Strand vorhanden ist.
Strand:	
Naturstrand/naturbelassener Strand	Es gibt keine Toiletten und Strandduschen. Der Strand wird nur selten oder überhaupt nicht gereinigt.
feiner Korallenstrand	Der Strand ist eigentlich nicht zum Baden geeignet. Man kann sich schnell die Füße aufschneiden. Badeschuhe mitnehmen!
nur 200 Meter zum Meer	Wie weit es zum Strand ist, wird nicht klar.
Hotelausstattung:	
sauber und zweckmäßig/familiäre Atmosphäre	Komfort kann man nicht erwarten. Bedienung und Zimmermädchen (wenn sie vorhanden sind) machen keinen Schritt zuviel.

Deutsch für die Ausbildungs- und Berufsvorbereitung ISBN 978-3-582-55855-8

Hotelausstattung:	
neu erbautes/neu eröffnetes Hotel	Die Anlage ist noch nicht ganz fertiggestellt. Es herrscht wahrscheinlich Baulärm.
lebhaft, munter und fröhlich	Das heißt Rummelplatzatmosphäre.
kinderfreundliches/familienfreundliches Hotel	Für Reisende ohne Kinder kann der Lärm störend wirken.
ideal für den aktiven Urlauber	Hier ist es sehr laut, auch nachts.
beheizbarer Swimmingpool	Die Möglichkeit zum Beheizen des Pools besteht. Wahrscheinlich wird der Pool aber nicht beheizt.
temperierter Pool	Nur die Sonne heizt den Pool.
bei deutschen Gästen beliebt	Hier gibt es Bratwurst und Schnitzel statt Fisch und Meeresfrüchte.
landestypische Bauweise	Das ist häufig ein Hinweis auf eine einfache Bauweise.
französischer Balkon	Der Balkon lässt sich nicht begehen.
gut geführtes Haus	Das klingt nur gut, ist aber eigentlich selbstverständlich.
Zimmerausstattung:	
klimatisierbare Zimmer	Hier legt das Hotel fest, ob und wann die Klimaanlage eingeschaltet wird.
Zimmer zur Meeresseite	Das ist kein Zimmer mit Meerblick. Der wird bei einer solchen Beschreibung meist durch Häuser oder Gestrüpp versperrt.
landestypische/landesübliche Einrichtung	Das steht für unkomfortable Zimmer und manchmal auch für dunkle Räume.
helle und freundliche Zimmer	Das ist nichtssagendes Gerede.
kein Kinderbett extra möglich	Hier ist das Hotelzimmer besonders klein. Noch nicht einmal ein Kinderbettchen passt zusätzlich hinein.
Verpflegung:	
verstärktes Frühstück	Zum Kontinental-Frühstück (Brot, Marmelade, Butter, Kaffee oder Tee) wird noch ein Ei, etwas Wurst oder Käse geboten.
all-inclusive	Es gibt Essen und Trinken rund um die Uhr kostenfrei. Meist gibt es Einschränkungen.
Unterhaltungsprogramm:	
abends Show- und Animationsprogramm	Das Zimmer liegt in der Nähe einer Disco oder etwas Ähnlichem und ist sehr laut.

1 Nutzen Sie Ihr neues Wissen über die Geheimsprache in Reisekatalogen und übersetzen Sie die Werbeanzeige des Hotels de Mar.

Deutsch für die Ausbildungs- und Berufsvorbereitung ISBN 978-3-582-55855-8

2 Schreiben Sie selbst eine verschlüsselte Anzeige zu einem Hotel an einem Ferienort Ihrer Wahl. Nutzen Sie hierfür die Angaben auf den Seiten 94 bis 95.

3 Übersetzen Sie nun Ihre eigene Anzeige in Klartext.

Der Reiseführer – ein Buch

Am besten bereitet man sich auf seinen Urlaub vor, indem man sich vor der Reise einen Reiseführer kauft und sich das Interessanteste durchliest. Mit der Hilfe des Reiseführers kann man schon zu Hause planen, was man unternehmen möchte.

1 Unterstreichen Sie in den folgenden Textausschnitten aus einem Reiseführer die Aktivitäten, die Sie betreiben würden, wenn Sie nach Mallorca reisten.

„[...] Graublaue Berge, blausilbernes Meer und das Grün der Bäume auf Mallorcas roter Erde – schon der Anflug auf die Insel lässt Fliegerherzen höher schlagen. Abheben – aber gewusst, wo:

Ballon fahren

Frühmorgens, wenn kein Wind weht, geht es los mit dem Heißluftballon. Eine geruhsame Schwebestunde in 150 bis 500 m Höhe kostet 150 Euro. [...]

Inlineskating

Parallel zur gut 5 km langen Hafenpromenade von Porto Pi bis El Molinar in Palma sowie entlang der 12 km langen Strandpromenade der Plaja de Palma haben Cracks ihre eigenen Wege. Dort sind Feriengäste in bunter Gesellschaft mit Mallorcas Jugend. [...]

Rad fahren

Der Berg ruft – nun auch die Radfahrer. [...] Die Inselregierung setzt auf umweltverträglichen Tourismus und hat bereits ein 250 km langes Radwegenetz zwischen Campanet und Campos erstellt. Das eigene Fahrrad mitzuschleppen ist nicht unbedingt nötig, wenn, muss es jedoch bei Veranstaltern und Fluggesellschaften angemeldet werden. Radausleih ist in jedem Badeort möglich, vom einfachen Tourenrad *(Trekking- oder Mountainbike, pro Tag etwa 9 Euro)* bis zur Rennmaschine (Typ Corredor, pro Tag etwa 15 Euro). [...]

Segeln

Älteste und größte Segelschule der Insel (und des Mittelmeers) ist Sail G-Surf in Port de Pollenca. Das Angebot von Gottfried und Gisella Möller reicht vom Grundkurs (225 Euro) bis zum Wochentörn um die Insel (545 Euro, inklusive Käptns Dinner).

Surfen

Dieselbe Schule bietet auch Surfkurse an (Grundkurs 190 Euro), 40 Bretter stehen bereit und eines der besten Reviere für diesen Sport, die kreisrunde Bucht von Pollenca mit hervorragender Thermik. Andere, sehr gute Gebiete für Windsurfer sind die Buchten von Gala Millor, Palma und Es Trenc; in diesen Buchten gibt es ebenfalls Surfbrettverleih und Surfkurse. [...]

Tauchen

Lohnende Reviere finden Sie im Nordosten bei Cala Sant Vicenc und im Südwesten. Dort bietet eine Tauchbasis in Sant Elm Anfängerkurse mit zwei Tauchgängen für 259 Euro an, außerdem Höhlen-, Wrack- und Nachttauchgänge im Gebiet der Isla Dragonera. [...]

(aus: Petra Rossbach: Mallorca. Reisen mit Insider-Tipps)

18

Deutsch für die Ausbildungs- und Berufsvorbereitung ISBN 978-3-582-55855-8

2 Erklären Sie kurz, warum Sie diese Aktivitäten gerne betreiben würden.

Urlaub zu Hause

Nicht jeder kann sich eine Reise in die Ferne leisten. Es kann aber auch ein Urlaub auf dem Balkon oder im eigenen Garten erholsam sein. Ausflüge zu interessanten oder schönen Orten können Abwechslung bringen.

1 Welche interessanten oder schönen Orte oder Plätze in Ihrer näheren Umgebung kennen Sie? Beschreiben Sie einen davon und erwähnen Sie das Besondere an ihm.

2 Erklären Sie – von Ihrer Schule ausgehend – den Weg dorthin.

11 Eine Bewerbung schreiben

Um eine Ausbildungsstelle oder einen Arbeitsplatz zu bekommen, müssen Sie sich bei einer Firma bewerben. Dies ist grundsätzlich bei jeder Firma möglich. Die Chance auf Erfolg ist aber bei einem Betrieb größer, der auch tatsächlich Auszubildende oder Arbeitskräfte sucht. Die Agentur für Arbeit kann Ihnen Auskunft erteilen und Sie beraten. Vielleicht wissen auch Freunde, Bekannte oder Verwandte etwas über freie Stellen. Außerdem sollten Sie auch in Tageszeitungen nach Stellenangeboten schauen. Die meisten Stellenanzeigen findet man oft in der Samstagsausgabe der Zeitung. Außerdem können Sie im Internet nach Angeboten suchen. Hier nutzen Sie am besten eine Suchmaschine.

Anzeigen beurteilen

A

BRUTTO-Marken-Discount

Wir suchen

Auszubildende für den Beruf Verkäufer/in

Die Ausbildung zum/r Verkäufer/in findet primär in einem unserer Märkte statt. Der Auszubildende lernt die verschiedenen Tätigkeitsbereiche in den Märkten detailliert und strukturiert kennen.
Diese Praxiserfahrungen werden durch theoretisches Hintergrundwissen, welches in der Berufsschule und durch betriebliche Seminare vermittelt wird, unterstützt.
Die Ausbildung endet mit einer Abschlussprüfung der IHK zum/r Verkäufer/in.

Dauer: **2 Jahre**
Beginn: **August**
Bewerbungen ab: **August des Vorjahres**
Voraussetzung: **Hauptschulabschluss**

Bewerbungen an:
BRUTTO-Markendiskount, Leisenmahd 29, 86150 Augsburg

B

Malereifachbetrieb bietet

eine Ausbildung zum Maler

Beginn: September

Voraussetzungen: ein guter Hauptschulabschluss und ein zweimonatiges Praktikum in unserem Betrieb

Bewerbungen an:
Pinselschwinger GmbH
z.H. Herrn Zeltinger
Bornholmer Str. 123
43567 Neustadt

C

Zusätzliches Einkommen?

Möchten Sie etwas dazuverdienen?
Mit uns leicht gemacht!
Wir zeigen Ihnen wie!
www.homejob-germany.com

D

Wir bieten Nebenverdienstmöglichkeiten als

Zeitungsboten

im Bezirk Mitte

Wir suchen rüstige Rentner/-innen, engagierte Studenten/-innen, Hausfrauen oder Leute mit Hauptjob für die Frühzustellung von Tageszeitungen. Sie sollten in Mitte oder angrenzenden Bezirken wohnen. Arbeitszeit Montag bis Samstag oder nur sonntags zwischen 3.00 und 6.00 Uhr.
Bei dieser Tätigkeit können Sie bis zu 400 Euro ohne Abzüge verdienen.

Darüber hinaus suchen wir noch:
Prospektverteiler sowie Anzeigenblattverteiler (tagsüber)

Bewerben Sie sich jetzt bei:
SPUST Zustellagentur
Kehrtwende 89 • 11356 Berlin
Mo.- Fr. von 8:00-16:00 Uhr • E-Mail: info@spust.de

E

Existenzgründer

Partnerschaft für Wachstum.
Erfolgreich selbstständig mit Sicherheit

Ab 18 Jahre – 70 Jahre jung!
Monatlich 100.000 € bis 1.000 000 € Umsatz!
60m² bis 1000m² Größe

Mit der Top Kaffee-Bar-Kiosk GmbH
in ganz Hamburg und Umgebung
in ganz Deutschland und Europa
Beratungskosten: 149,– €

Termin, Infos und Buchung über:
Siegbert Guldenstutzer, Postfach 1254678
20357 Hamburg / Tel.: 040-934765555, ab 18 Uhr

F

Verdienen Sie, was Sie verdienen!

Leichte Arbeit, hoher Verdienst!
Bis zu **8000 Euro netto monatlich**!
Bewerben Sie sich bei uns!
Unterlagen- und Bearbeitungsgebühr: 89,80 €
Schnellscheffler Auftragsdienst Tel.: 856565665

G

■ **Aushilfe gesucht** ■

In unserer Bäckerei suchen wir eine freundliche Verkäuferin täglich von 14:00 bis 18:00 Uhr

Bewerbungen an:
■ Bäckerei Hanfstrunck ■ Große Dunstgasse 12 ■ 43234 Neumünster ■

Deutsch für die Ausbildungs- und Berufsvorbereitung ISBN 978-3-582-55855-8

Die meisten Firmen machen ehrliche Angebote. Einige jedoch sind nicht vertrauenswürdig, weil man:

- bevor man die Tätigkeit ausüben darf, erst einmal Geld bezahlen muss,
- eine teure Telefonnummer anrufen soll,
- beim Anrufen sehr lange in der Warteschleife oder anscheinend besonders lange am Telefon gehalten wird,
- in der Anzeige nicht erkennen kann, welche Tätigkeit angeboten wird.

1 Lesen Sie die Anzeigen sorgfältig durch. Entscheiden Sie dann, ob es sich um vertrauenswürdige Angebote handelt oder nicht, und begründen Sie kurz Ihre Entscheidung.

Anzeige A	vertrauenswürdig ◌ ja ◌ nein
■ Begründung:	

Anzeige B	vertrauenswürdig ◌ ja ◌ nein
■ Begründung:	

Anzeige C	vertrauenswürdig ◌ ja ◌ nein
■ Begründung:	

Anzeige D	vertrauenswürdig ◌ ja ◌ nein
■ Begründung:	

Anzeige E	vertrauenswürdig ◌ ja ◌ nein
■ Begründung:	

Anzeige F	vertrauenswürdig ◌ ja ◌ nein
■ Begründung:	

Anzeige G	vertrauenswürdig ◌ ja ◌ nein
■ Begründung:	

2 Welche der Anzeigen würde Sie am meisten interessieren? Erklären und begründen Sie kurz Ihre Entscheidung mündlich.

Die Bewerbungsunterlagen

Üblicherweise gehört zu den geforderten vollständigen Bewerbungsunterlagen:
- das **Bewerbungsschreiben**,
- eventuell ein **Deckblatt**,
- der **Lebenslauf** mit einem **Foto**,
- das letzte **Zeugnis** oder auch die letzten beiden **Zeugnisse**,
- **Bescheinigungen** über abgeleistete Praktika und/oder Kurse.

Das Bewerbungsschreiben

Mit dem Bewerbungsschreiben sollen Sie eine zukünftige Arbeitgeberin oder einen Arbeitgeber auf sich aufmerksam machen. Sie werben damit also für sich selbst. Den Mitarbeitern der Firma soll klar werden, warum gerade Sie der oder die Beste für die Stelle sind. Aus diesem Grund sollten Sie also unbedingt sauber und fehlerlos schreiben.

Die Form

Das Schreiben muss nach den Vorgaben der DIN 5008 gestaltet werden.

Es gelten folgende Maße*: linker Rand: 2,41 cm rechter Rand: 0,81 cm
oberer Rand: 1,69 cm unterer Rand: 2,00 cm

*In Schreibprogrammen können diese Maße gerundet werden.

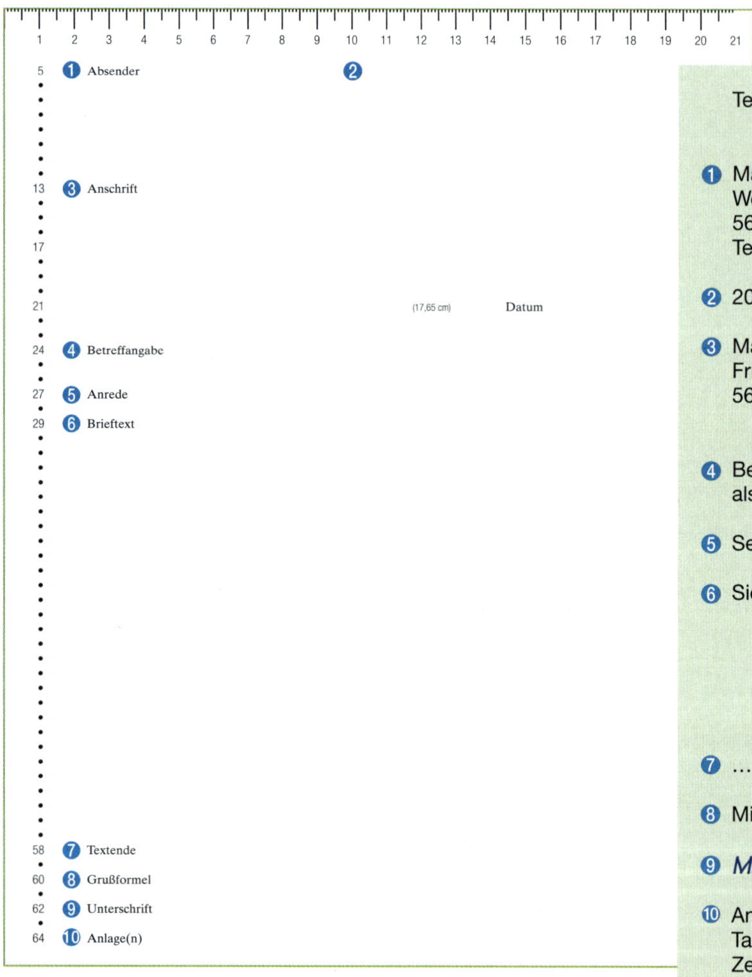

Textbeispiel siehe Seite 103

1. Marco Meier
   Weckowskistr. 12
   56578 Neustadt
   Tel. 0469 3421982
2. 20.06.2021 oder 20. Juni 2021
3. Malereibetrieb Ole Müller
   Friedrich-Schiller-Platz 17
   56578 Neustadt
4. Bewerbung um eine Ausbildungsstelle als Maler und Lackierer
5. Sehr geehrte Damen und Herren,
6. Sie suchten in …
7. … sehr freuen.
8. Mit freundlichen Grüßen
9. *Marco Meier*
10. Anlagen
    Tabellarischer Lebenslauf mit Foto,
    Zeugniskopie

Muster eines Bewerbungsschreibens

Marco Meier
Weckowskistr. 12
56578 Neustadt
Tel. 0469 3421982
marco@meier.de

Malereibetrieb Ole Müller
Friedrich-Schiller-Platz 17
56578 Neustadt

20. 06. 20..

Bewerbung um eine Ausbildungsstelle als Maler und Lackierer

Sehr geehrte Damen und Herren,

Sie suchten in Ihrer Anzeige auf der Website der Neuesten Neustädter Nachrichten vom 18. Juli 20... einen Auszubildenden, der ein gutes Farbsehvermögen hat und zupacken kann.
Ich bewerbe mich auf diese Ausbildungsstelle.

Den Beruf des Malers und Lackierers möchte ich erlernen, weil ich sehr gern unterschiedliche Flächen farblich gestalte. Ich habe bereits bei Renovierungsarbeiten meinen Eltern und auch Freunden geholfen, wobei ich einige Erfahrungen sammeln konnte. In den letzten Sommerferien arbeitete ich außerdem drei Wochen bei einer Wohnungsverwaltung. Dort half ich beim Streichen von Zäunen.

Da ich ein gutes Farbsehvermögen und Spaß an Farben und Mustern habe, schwindelfrei bin, gern mit Menschen zu tun habe und zupacken kann, bin ich den Anforderungen des Berufes gewachsen.

Zurzeit besuche ich noch den berufsvorbereitenden Lehrgang am Oberstufenzentrum in Neustadt.
Am 31. August werde ich diesen Lehrgang voraussichtlich mit guten Ergebnissen und der Berufsbildungsreife abschließen.

Die Ausbildung in Ihrem Unternehmen könnte ich zum 1. September 20... beginnen.

Ich würde mich über die Einladung zu einem persönlichen Vorstellungsgespräch sehr freuen.

Mit freundlichem Gruß

Marco Meier

Anlagen
Tabellarischer Lebenslauf mit Foto
Zeugniskopie

1 Notieren Sie hinter jeden Stichpunkt die zutreffende Zeilennummer des Bewerbungsschreibens.

Das muss in einem Bewerbungsschreiben enthalten sein:

die eigene **Adresse** mit Telefonnummer und (eventuell) der eigenen E-Mail-Adresse	
die vollständige **Anschrift des Unternehmens**	
das **Datum**	
Zweck des Schreibens in der „Betreffzeile“ (Es muss erkennbar sein, dass es sich um eine Bewerbung handelt und um welche Stelle Sie sich bewerben.)	
die **Anrede:** „Sehr geehrte Damen und Herren“. Wenn Sie den Namen des zuständigen Mitarbeiters kennen, dann: „Sehr geehrter Herr ....“ oder „Sehr geehrte Frau ....“	
der Einstieg: Schreiben Sie, woher Sie erfahren haben, dass es bei dem Unternehmen freie Ausbildungsplätze gibt. Geben Sie auch den angestrebten Beruf an.	
der **Hauptteil**	
der **Schlusssatz:** z. B. „Ich würde mich über die Einladung zu einem persönlichen Vorstellungsgespräch sehr freuen.“	
die **Grußformel:** „Mit freundlichen Grüßen“	
eigenhändige **Unterschrift** mit Vor- und Nachnamen	
die **Anlagen:** alle Unterlagen, die Sie beifügen (z. B. Lebenslauf, Zeugnis)	

Im **Hauptteil** Ihres Bewerbungsschreibens sollte Folgendes stehen:
- Schreiben Sie, warum Sie gerade diesen Beruf erlernen wollen.
- Erklären Sie, warum Sie die Anforderungen des Berufes und des Unternehmens erfüllen.
- Stellen Sie nachvollziehbar dar, dass genau Sie der richtige Bewerber für die zu besetzende Stelle sind. Gehen Sie dabei auf die Anforderungen der Stellenanzeige und die Bedürfnisse des Unternehmens ein.
- Geben Sie die derzeit besuchte Schule an. Schreiben Sie auch, wann Sie (voraussichtlich) welchen Schulabschluss erreichen. Wenn Sie nicht mehr zur Schule gehen, notieren Sie, welche Ausbildungen Sie bisher absolviert und welche Abschlüsse Sie eventuell erzielt haben.
- Beschreiben Sie Ihre Eigenschaften, Hobbys oder Interessen, die Ihnen bei dieser Ausbildung nutzen könnten.
- Erwähnen Sie Ihre Erfahrungen, die Sie im angestrebten Beruf oder in einem verwandten Bereich gesammelt haben (Praktika, Ferienjobs usw.).
- Führen Sie Gründe an, warum Sie sich gerade bei dieser Firma bewerben.

2 a Schreiben Sie ein Bewerbungsschreiben für einen Ausbildungsplatz auf die nebenstehende Seite. Achten Sie dabei darauf, dass Sie:
- die richtigen Zeilen und die richtigen Abstände wählen,
- alles aufschreiben, was in eine Bewerbung gehört,
- nicht dauernd Sätze mit „ich“ anfangen,
- Rechtschreib- und Grammatikfehler vermeiden und
- klare und kurze Sätze formulieren.

Deutsch für die Ausbildungs- und Berufsvorbereitung ISBN 978-3-582-55855-8

b Wählen Sie sich dazu einen Beruf aus, der Sie interessiert. Den Namen der Firma können Sie erfinden.

Der Lebenslauf

Ihr Lebenslauf soll einer Arbeitgeberin oder einem Arbeitgeber einen Überblick über Ihre bisherige Entwicklung geben. Ein besonderer Wert wird auf die ausführliche Darstellung des schulischen und beruflichen Werdegangs gelegt.

Schreiben Sie Ihren Lebenslauf am Computer und drucken Sie ihn auf weißes unliniertes DIN-A4-Papier.

Folgende Punkte gehören in einen tabellarischen Lebenslauf:

- Überschrift „Lebenslauf“
- persönliche Angaben: Vor- und Nachname mit vollständiger Adresse, Telefonnummer, E-Mail-Adresse, Geburtsort, Geburtsdatum, Namen und Berufe der Eltern, Anzahl der Geschwister, Familienstand, Staatsangehörigkeit
- alle besuchten Schulen mit Zeitangaben und erreichten Schulabschlüssen
- besondere Kenntnisse, die in Bezug auf die Ausbildung nutzbar sein könnten
- Praktika (Ferienjobs, Freiwilliges Soziales Jahr, Freiwilliges Ökologisches Jahr, freiwilliges Jahr in einem Unternehmen usw.)
- sonstige Aktivitäten (Klassensprecher, Schulsprecher, Schülerzeitung, Leiter einer Jugendgruppe, Freiwillige Feuerwehr usw.)
- Hobbys
- Ort mit Datum
- Unterschrift (eigenhändig mit Vor- und Nachnamen)

Außerdem sollte sich auf dem Lebenslauf ein Foto von Ihnen befinden. Der richtige Platz für das Foto ist in der rechten oberen Ecke des Lebenslaufs. Prüfen Sie, ob es auch gerade auf dem Lebenslauf klebt. Auf keinen Fall sollten Sie das Foto per Büroklammer befestigen.

Auf der rechten Seite finden Sie ein Beispiel für einen Lebenslauf.

Tipp:
Bei den Hobbys werden gern Vereinssportarten oder gesellschaftliches Engagement gesehen. Das beweist Teamfähigkeit. Shoppen, sich mit Freunden treffen oder ins Kino gehen wirken dagegen nicht besonders positiv. Vermeiden Sie also solche Angaben.

1 Kreuzen Sie an, welche der folgenden Fotos für Bewerbungsunterlagen geeignet sind. Begründen Sie Ihre Wahl stichwortartig.

1

- ◌ geeignet
- ◌ ungeeignet

2

- ◌ geeignet
- ◌ ungeeignet

3

- ◌ geeignet
- ◌ ungeeignet

4

- ◌ geeignet
- ◌ ungeeignet

5

- ◌ geeignet
- ◌ ungeeignet

Begründung: ______________________________

____

____

Deutsch für die Ausbildungs- und Berufsvorbereitung ISBN 978-3-582-55855-8

Muster eines tabellarischen Lebenslaufs

Lebenslauf

Persönliche Angaben

Name	Marie Magnus
Geburtsdatum	01.01.2005
Geburtsort	Neustadt
Anschrift	Goethestr. 7 56578 Neustadt
Telefon	0469 3837282
E-Mail	marie.magnus@web.de
Eltern	Reinhold Magnus, Elektriker Regine Magnus, geb. Müller, Kauffrau
Geschwister	Bruder, 19 Jahre, Auszubildender
Familienstand	ledig
Staatsangehörigkeit	deutsch

Schulbildung

01.09.2011–15.07.2015	Grundschule Nord, Neustadt
04.09.2015–16.07.2021	John-Lennon-Gesamtschule, Neustadt Berufsbildungsreife

Praktika

April 2020	14-tägiges Schülerbetriebspraktikum, Drogeriemarkt Neustadt
Oktober 2020	7-tägiges Schülerbetriebspraktikum, Supa-Verbrauchermarkt, Neustadt

Besondere Kenntnisse	PC-Schulkenntnisse Englisch in Wort und Schrift
Hobby	Handball im Verein TUS Neustadt

20.08.2021

Marie Magnus

1 Üben Sie das Schreiben eines eigenen tabellarischen Lebenslaufs, indem Sie diesen Bogen entsprechend ausfüllen. Kleben Sie auch ein passendes Foto ein.

Lebenslauf

hier das eigene Foto einkleben

Persönliche Angaben

Name ______________________

Geburtsdatum ______________________

Geburtsort ______________________

Anschrift ______________________

Telefon ______________________

E-Mail ______________________

Eltern ______________________

Geschwister ______________________

Familienstand ______________________

Staatsangehörigkeit ______________________

Schulbildung ______________________

____

____

Praktika ______________________

____

____

____

Besondere Kenntnisse ______________________

____

____

Hobby ______________________

____

Deutsch für die Ausbildungs- und Berufsvorbereitung ISBN 978-3-582-55855-8

12 Das Bewerbungsgespräch

Wie verhalte ich mich?

Kommt man als Bewerberin oder Bewerber in die engere Wahl, hat man die Chance, in einem Gespräch seine Eignung für die zu besetzende Stelle nachzuweisen. Neben der inhaltlichen Seite des Gesprächs ist auch der „erste Eindruck" – das Auftreten, das Verhalten, die Kleidung, die Körpersprache, Mimik und Gestik – von Bedeutung.

1 Bei einer Bewerberin bzw. einem Bewerber werden in der Regel bestimmte Fähigkeiten und Eigenschaften geschätzt.

a Erklären Sie die Bedeutung folgender Begriffe.

Konzentrationsvermögen	
Freundlichkeit	
Zuverlässigkeit	
Humor	
Kompetenz	
Teamfähigkeit	

b Nennen Sie Berufe, in denen diese Fähigkeiten/Eigenschaften besonders erwünscht sind.

Konzentrationsvermögen	
Freundlichkeit	
Zuverlässigkeit	
Humor	
Kompetenz	
Teamfähigkeit	

Deutsch für die Ausbildungs- und Berufsvorbereitung ISBN 978-3-582-55855-8

2 Unterstreichen Sie im Wörterkasten A die Eigenschaften, von denen Sie glauben, dass sie für das Berufsleben wichtig sind.

Wörterkasten A

selbstherrlich	sicher	gelassen	unsicher	abweisend
arrogant	konzentriert	zurückhaltend	verlegen	drohend
überlegen	aufmerksam	passiv	unterwürfig	ablehnend
cool	selbstbewusst	entspannt	ruhig	aufgeschlossen
lässig	aufbrausend	reizbar	aggressiv	unkollegial

3 Finden Sie im Wörterkasten A Wortpaare, die Gegensätze bilden, und notieren Sie diese.

sicher – unsicher	

4 Ergänzen Sie die folgende Tabelle. Orientieren Sie sich an dem Beispiel in der ersten Zeile.
Als Hilfe können der Wörterkasten A oder ein Wörterbuch dienen.

Adjektiv	Substantiv	Bedeutung/Umschreibung
selbstherrlich	die Selbstherrlichkeit	sich selbst toll finden
	die Arroganz	
konzentriert		
		sich seiner selbst sicher sein
passiv		untätig, teilnahmslos
		sich bedingungslos unterordnen
gelassen		

Deutsch für die Ausbildungs- und Berufsvorbereitung ISBN 978-3-582-55855-8

5 Herr Boschetti und Frau Schulz-Özlam führen an einem Tag 27 Vorstellungsgespräche. Es sind zwei Lehrstellen in der Ausbildungsrichtung Einzelhandelskauffrau/-kaufmann zu vergeben. Sie wollen sich bald entscheiden. Notieren Sie in der zweiten Spalte der folgenden Tabelle, welchen Eindruck die Personalleiter von einer Bewerberin bzw. einem Bewerber erhalten, die oder der sich wie folgt verhält:

Eine Bewerberin oder ein Bewerber…	
… ist pünktlich.	
… stellt keine Fragen.	
… grüßt und stellt sich mit Namen vor.	
… hört aufmerksam zu.	
… hält Blickkontakt und lächelt.	
… trägt hautenge, durchsichtige und knappe Kleidungsstücke in schrillen Farben.	
… bringt seine Freundin/Freund/Eltern mit.	
… hat gepflegte Hände und Haare.	
… hat häufig in der Schule gefehlt.	
… hat ein Praktikum absolviert.	

Mimik und Gestik

1 Auch der Gesichtsausdruck (die Mimik) und die Körperhaltung (die Gestik) sind in einem Vorstellungsgespräch nicht unwichtig. Notieren Sie jeweils unter den folgenden Bildern, welche Wirkung Sie den abgebildeten Gesichtsausdrücken zuordnen. Nehmen Sie bei Bedarf den Wörterkasten A zur Hilfe.

Wörterkasten A

selbstherrlich	sicher	gelassen	unsicher	abweisend
arrogant	konzentriert	zurückhaltend	verlegen	drohend
überlegen	aufmerksam	passiv	unterwürfig	ablehnend
cool	selbstbewusst	entspannt	ruhig	aufgeschlossen
lässig	aufbrausend	reizbar	aggressiv	unkollegial

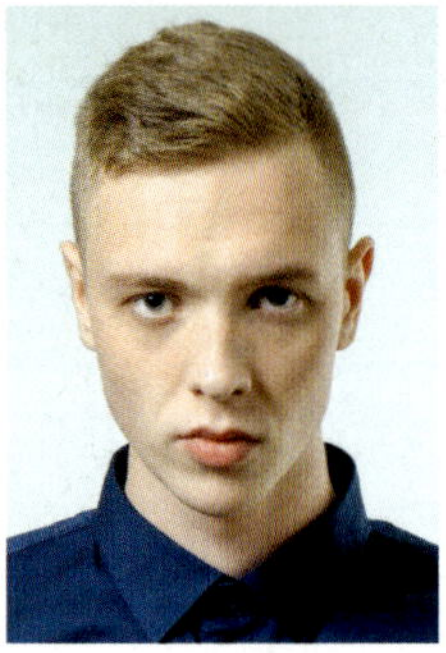
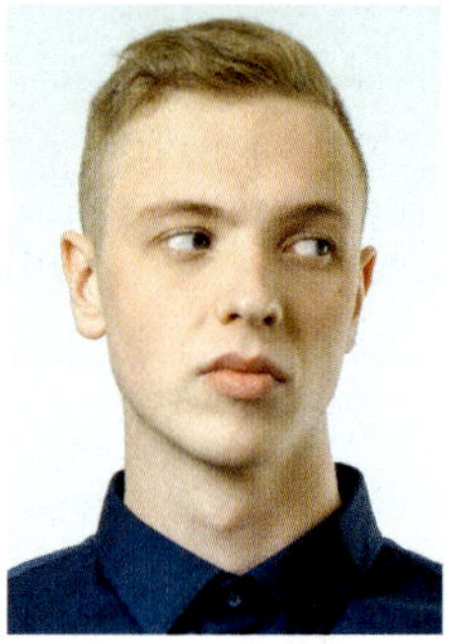
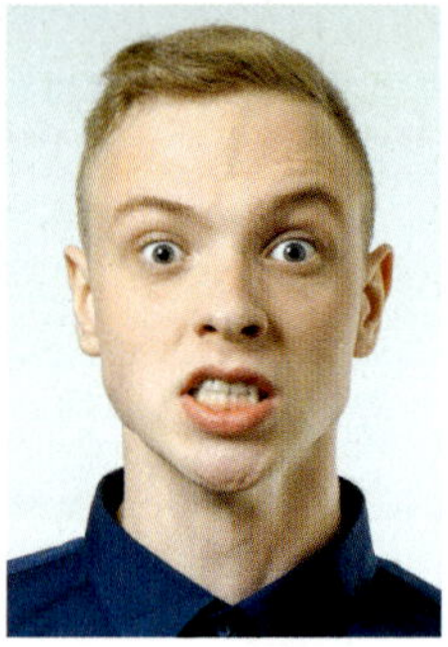
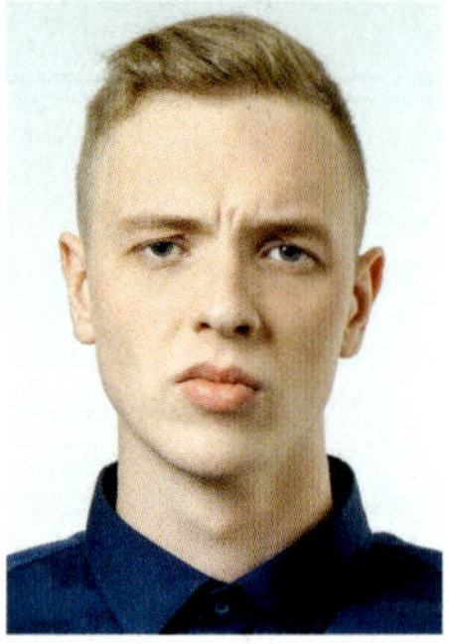

2 Partnerübung: Bilden Sie Paare. Nehmen Sie dann abwechselnd die auf den folgenden Bildern dargestellten Körperhaltungen ein und ermitteln Sie deren Wirkung. Notieren Sie Ihre Entscheidung unter dem Bild. Als Hilfe kann wiederum der Wörterkasten A dienen.

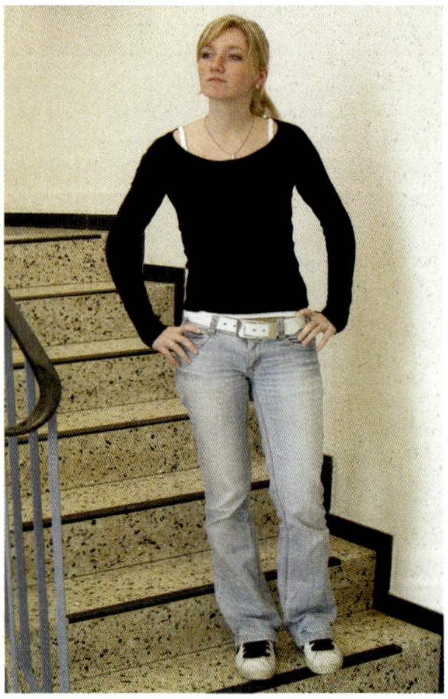

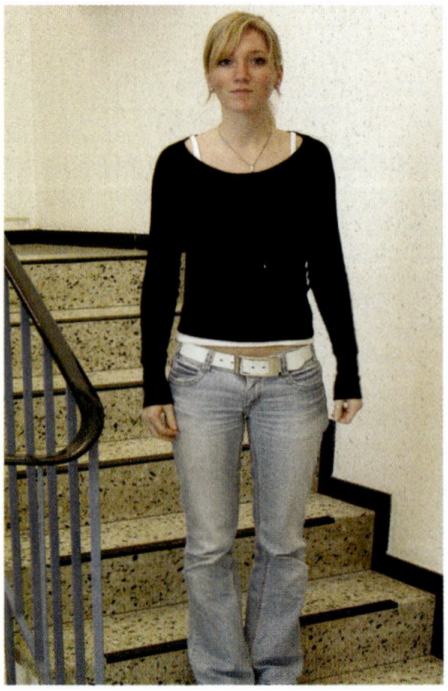

Deutsch für die Ausbildungs- und Berufsvorbereitung ISBN 978-3-582-55855-8

3 Untersuchen Sie auf folgendem Bild
a die Wirkung der Oberkörperhaltung,
b die Fuß- bzw. Beinstellung im Sitzen.
c Notieren Sie, welchen Eindruck die einzelnen Personen erwecken.

Jekaterina	
Robert	
Tom	
Steffi	
Andreas	

4 Kennzeichnen Sie durch ein geeignetes Symbol, welche Haltung der Füße Sie in einem Vorstellungsgespräch vermeiden sollten.

Das Vorstellungsgespräch

Wenn Sie zu einem Vorstellungsgespräch eingeladen werden, haben Sie gute Chancen, einen Ausbildungsplatz zu bekommen. Folgende Ratschläge müssen Sie aber unbedingt beachten:

- Sie sollten unbedingt saubere Kleidung tragen, nicht zu modern und nicht zu ausgeflippt.
- Sie müssen selbstverständlich pünktlich sein. Ausreden und Entschuldigungen zählen hier nicht. Planen Sie also Zeit für die Anfahrt und das Durchfragen ein. Fahren Sie mindestens eine Bahn früher, damit Sie auf jeden Fall pünktlich sind und nicht abgehetzt und aufgeregt ankommen.
- Nennen Sie, sobald Sie den Betrieb betreten haben, Ihren Namen und den Grund Ihres Kommens. Man wird Ihnen helfen, den richtigen Raum zu finden.
- Schauspielern Sie nicht. Treten Sie natürlich, aber respektvoll auf. Seien Sie höflich und freundlich. Sprechen Sie Ihren Gesprächspartner mit seinem Namen an.
- Überlassen Sie die Gesprächsführung Ihrem Gesprächspartner.
- Reden Sie klar und deutlich.
- Hören Sie gut zu und antworten Sie auf die Fragen, die man Ihnen stellt.
- Informieren Sie sich rechtzeitig vor dem Gespräch über die Firma.

Was muss man zu einem Vorstellungsgespräch mitnehmen?

- das Einladungsschreiben
- die Bewerbungsunterlagen, wenn sie dem Betrieb noch nicht vorliegen (Bewerbungsschreiben, Lebenslauf mit Foto, Zeugniskopien)
- Personalausweis
- Notizblock und Stift
- die Liste der Fragen, die Sie stellen wollen

Fragen, die immer wieder gestellt werden:

1 Wie sind Sie auf unsere Firma aufmerksam geworden?

2 Warum wollen Sie gerade diesen Ausbildungsberuf erlernen?

3 Welche Berufe kämen für Sie sonst noch infrage?

4 Können Sie sich vorstellen, welche Arbeiten in diesem Beruf auf Sie zukommen?

5 Warum halten Sie sich für diesen Beruf geeignet?

6 Warum haben Sie sich gerade bei unserer Firma beworben?

7 Welches sind Ihre Lieblingsfächer in der Schule?

8 Wie erklären Sie sich gute und schlechte Noten in Ihrem Zeugnis?

9 Mit welchem Abschluss werden Sie die Schule beenden?

10 Was machen Ihre Eltern beruflich?

11 Wie viele Geschwister haben Sie?

12 Was unternehmen Sie in Ihrer Freizeit?

13 Sind Sie Mitglied in einem Verein?

14 Wie ist Ihr Gesundheitszustand/Ihre Belastbarkeit?

1 Beantworten Sie aus den Fragen oben die folgenden schriftlich.

zu 2.

____

____

zu 3.

____

____

Deutsch für die Ausbildungs- und Berufsvorbereitung ISBN 978-3-582-55855-8

zu 8.

zu 9.

Mögliche Fragen zum Allgemeinwissen:

15 Nennen Sie mir die 16 Bundesländer.

16 Nennen Sie verschiedene Bundesminister mit ihren Ämtern.

17 Wie viel Millionen Einwohner hat Deutschland ungefähr?

18 Wann wurde die BR Deutschland gegründet?

19 Welche Länder grenzen an Deutschland?

20 Nennen Sie mir einige Millionenstädte.

21 Wie heißt der höchste Berg Deutschlands?

22 Können Sie die bisherigen Bundeskanzler unseres Landes nennen?

2 Beantworten Sie aus den Fragen oben die folgenden schriftlich.

zu 15.

zu 17.

zu 18.

zu 19.

zu 21.

Fragen, die Sie selbst stellen könnten

1 Wie viele Auszubildende hat die Firma?
2 Findet die Ausbildung an einem Ausbildungsplatz statt oder lernt man den ganzen Betrieb kennen?
3 Wo befindet sich die Berufsschule?
4 Gibt es an der Berufsschule Teilzeit- oder Blockunterricht?
5 Könnte ich nach der Ausbildung im Betrieb weiterbeschäftigt werden?
6 Wie ist die Arbeitszeit geregelt?
7 Wie hoch ist die Ausbildungsvergütung?
8 Wie lange dauert die Probezeit?
9 Wie lange dauert die gesamte Ausbildung?
10 Wie viel Urlaub bekomme ich?

Sachwortverzeichnis

A

Adjektiv 22 f.
- Bildung 24
- Steigerung 24
- Beugung 26

Algarve 90
Anrede 14
Anredepronomen 14
Anweisung 30
Anzeige 100
Argument 68

B

Begrüßung 13
Benehmen 6, 8 f.
Bericht 50 ff.
- schreiben 52

Beschreibung 16
Bewerbung 100
Bewerbungsfoto 106
Bewerbungsgespräch 109 f.
Bewerbungsschreiben 102 f.
Bewerbungsunterlagen 102
Bindewort 55
Brief 60 f., 64

C

Caspary, Kim 72
Checkliste 58
Contra 71

D

DIN 5008 102 f., 104 f.
Diskussion 66

E

E-Mail 60 f., 62 f.
Ernährung 40

F

Fehlernährung 40
Formulierungsvariante 65
Futur I 81
Futur II 81

G

Gedicht 87
Gegenwart 81
Geheimsprache 94 f.
Gesprächsnotiz 57
Gestik 112
Großschreibung 14

H

Hesse, Hermann 27
Hotelangaben 92

I

Internet 88 f.

J

Jugendroman 72 f.

K

Kalender 86
Kleinschreibung 14
Komparativ 24
Konjunktion 55
Kontaktanzeige 16
Körperhaltung 113

L

Lebenslauf 106 f., 108
Lesemethode 40

M

Mallorca 90
Meinung 66 f.
Michler, Elli 87
Mimik 112
Modalverb 10 f.
Muno, Claudine 73

P

Perfekt 50, 80
Personenbeschreibung 16 f., 20 f., 28
- literarische 27

Plusquamperfekt 50, 80
Positiv 24
Possessivpronomen 15
POZUGAF 50, 54
Präposition 86
Präsens 81 f.
Präteritum 50, 80
Privatpost 60
Pro 71
Pronomen 14

R

Recherchieren 88
Redensart 7
Redewendung 7
Reise 90
Reiseführer 98
Roman 72 f.

S

Schlagzeile 37 ff.
Schlüsselwort 41
Schreiben, amtliches 60
Selbsteinschätzung 2 f.
Seneca 87
Stellenanzeige 100
Stellungnahme 70 f.
Steppenwolf 27
Stoffsammlung 28
Substantiv 34
Superlativ 24
Synonym 54

T

Telefongespräch 56 f.
Telefonnotiz 56, 59
Text lesen 40
- verstehen 40
- ordnen 43 ff.
- vervollständigen 45
- -inhalt erfragen 46

Traum 72, 74

V

Verabschieden 13
Verb 34
Vergangenheit 80
Verhältniswort 86
Vorgangsbeschreibung 30 ff., 35 f.
Vorstellungsgespräch 111, 114 f.

W

W-Fragen 46 f.
W-Fragewörter 46 f.
Wort, geflügeltes 7
Wortfeld 54
Wunsch 72, 74 f.

Z

Zeit 78
Zeit-ABC 79
Zeitformen 80 ff.
Zeitplan 84
Zeitungsanzeige 100
Ziel 76
Zivilisationskrankheit 40
Zukunft 81

Deutsch für die Ausbildungs- und Berufsvorbereitung ISBN 978-3-582-55855-8